高度

深度

广度

温度

鲜度

亮度

角度

跨度

锐度

精度

"十度"

向世界讲好
中国故事

王进业 —— 著

人民出版社

目　　录

序一　迈向更广阔的国际传播舞台

进入 21 世纪的第三个 10 年,全球政治、经济和文化格局正经历前所未有的深刻变革。一方面,21 世纪以来的全球化浪潮仍未褪去;另一方面,传统的政治经济体系正在面对严峻的冲击,民粹主义思潮、单边主义情绪和冲突情境不断出现。这些都重新定义了国际传播工作的历史阶段和叙事场景。在这种情况下,王进业同志的《"十度":向世界讲好中国故事》一书出版,将国际传播一线工作者讲好中国故事的奋斗历程和现实思考汇聚在一本书中,深入回答了在国内国际两个大局的背景下,国际传播工作者应当如何理解自身的使命和责任,又该如何进一步向世界传播好中国声音。

百余年来,新闻传播作为一种事业、职业、专业,其核心是叙事能力和叙事的价值观的建设。而国际传播作为新闻传播工作中最具挑战性和使命感的工作,又是"塔尖的舞者"。针对文化、语言、价值观甚至生活方式迥然相异的受众对象,国际传播工作要讲好自身的故事,难度可想而知,既需要攻坚克难、从容自信的使命感,又需要绵绵用力、久久为功的战略韧性。

然而,国际传播又是新闻传播领域中别具魅力和吸引力的事业。这是因为,无论受众对象来自哪个国家,我们都身处同一个命运共同体中,对发展、安全和文明的关切,是全人类的共同价值所在。而全球议题具备的高度、深度、广度,人与人交流时的温度、鲜度、亮度,新闻传播活动与生俱来的角度、跨度、锐度和精度,都赋予这个事业与众不同的魅力。国际传播工作者行走在全球的土壤中,与世界各民族各国家的民众对话。

当前国际传播的最大挑战，正是这种基于文明交流互鉴的真诚叙事，与现实主义政治之间的博弈。在这种博弈中，中国的国际传播工作者，要以自身的真实故事、真诚态度、真切情感触动受众，赢得信任，就更需要深入田野、理解文化、对话受众，就更需要共情和共鸣，也更需要密切关注媒介技术的发展，在新的传播平台上直面全球挑战和社会焦虑，用以上"十度"去锻造好作品、创造好时机、赢得好效果。

王进业同志作为新华社对外新闻报道的资深专家，并在新华社国内、国外多个重要工作岗位上担任过领导工作，不仅是中国对外传播的实践者，更是这一领域的理论创新者。他以敏锐的洞察力和丰富的实践经验，为国际传播提供了系统化的解决方案。《"十度"：向世界讲好中国故事》是他多年来思考与经验的结晶，为中国故事搭建起一座通往世界的桥梁。

我的不少学生毕业后进入了新华社对外新闻编辑部工作，他们中的许多人都曾在王进业同志的指挥领导下奋战在对外传播一线，推出了一系列令人耳目一新的创新表达，既有黄钟大吕的扛鼎之作，也有具体而微的走心文章，并且不断丰富创作手段和产品形态，主动有效地影响、引领了国际舆论。虽然离开了校园，但他们有机会在王进业同志的指导下工作和学习，进入国际传播的"实践大课堂"，我也与有荣焉。

在全球信息化与多极化趋势日益加深的今天，讲好中国故事、传播好中国声音，既是我们的责任，也是我们的使命。我深信，这本书不仅能够为国际传播研究者、媒体从业者提供重要参考，也能够给广大关心中国形象与国际传播的人士带来启迪，一同迈向更广阔的国际传播舞台，让中国故事真正无远弗届，走进世界人民的心中。

周庆安

2025 年 1 月

（周庆安，系清华大学新闻与传播学院院长、教授）

序二　让中国故事绽放更加绚烂的光彩

中国正日益成为世界瞩目的焦点。如何向世界讲好中国故事,展现可信、可爱、可敬的中国形象,是时代赋予我们的重要使命,也是促进不同文明交流互鉴、构建人类命运共同体的关键一环。

进业同志所著《"十度":向世界讲好中国故事》,以"十度"即高度、深度、广度、温度、鲜度、亮度、角度、跨度、锐度和精度为框架,深入探讨了向世界讲好中国故事的思路、方法和路径。

高度,强调讲故事要有站位高度。从国家、政治、人民、人类、文明等五个站位出发,让中国故事在宏大的视野中展现出深刻的内涵和价值。深度,要求故事有思想深度、能抵达事物本质,通过聚焦"重磅故事"、开掘思想深度、触抵事物本质、"一把钥匙开一把锁",让中国故事引人入胜、发人深省。广度,指出要拓展报道广度,强化"全员""全域""全面""系统"意识,向世界展现丰富多彩的中国。温度,注重故事的情感内核,从主题有温度、"人""心"传温度、叙事蕴温度、话语具温度、个性显温度等方面,让中国故事温暖人心。鲜度,强调内容要新,拼抢时效,多抓"活鱼",文风清新,让中国故事始终充满活力。亮度,要求通过"高光"闪亮、创意点亮、"名片"做亮、"借光"增亮、"光点"透亮,使中国故事更加光彩照人。角度,提出讲故事要有好角度、巧角度,从平视视角、具象化视角、建设性视角、他者视角等方面,帮助海外受众全面、正确认识中国。跨度,要求讲故事要有跨国界、跨文化、跨时空、跨媒介的视野,让中国故事更具吸引力和影响力。锐度,强调在面对质疑和抹黑时,要足够敏锐，还原真相、主动出击、立字当头、创新叙事，展现真实的中国。精度，指出讲故事要精准，对象精准、表达精细、意涵精确，实现精准传播。

本书结构严谨、逻辑清晰，以"十度"为主线展开论述，每一个"度"都独具匠心、相互呼应，每一个"度"都蕴含着深刻的思考和丰富的实践经验，构建起一个系统完整的国际传播理论框架，为新时代讲好中国故事提供了富有创见的思路和方法。

强国建设、民族复兴的新征程，赋予中国故事深厚的历史底蕴和丰富的时代内涵。本书立足中国伟大实践，融通中外视野，运用大量生动鲜活的案例，深入浅出地阐释了讲好中国故事的基本原理和实践要求。《"十度"：向世界讲好中国故事》一书既有理论高度，又有实践深度；既有思想穿透力，又有表达感染力；既有中国特色，又有世界眼光。

我曾应邀到新华社对外新闻编辑部举办讲座，对这支能征善战的对外传播队伍印象深刻。进业同志在新闻领域耕耘40多年，在新华社国内分社、海外总分社和总社编辑部记者与领导岗位上，积累了丰富的阅历和经验。进业同志从实践中提炼规律，又以理论指导实践，展现、分享了全方位、多层次讲好中国故事的实践路径。

当今世界正经历百年未有之大变局，国际形势复杂多变，讲好中国故事面临新的挑战。这部既有理论高度又有实践价值的力作，必将帮助读者更好地理解和把握国际传播规律，提高讲好中国故事的能力和水平。我们也需要更多像《"十度"：向世界讲好中国故事》这样的著作，为我们提供智慧和力量，让中国故事在世界舞台上绽放更加绚烂的光彩。

王辉耀

2024 年 12 月

（王辉耀，系全球化智库创始人兼理事长、中国公共关系协会副会长、国务院原参事）

序三　从"被讲述"到"自叙事"的跨越

　　王进业同志的新著《"十度":向世界讲好中国故事》,为讲好中国故事、传播好中国声音这一重大课题,提供了深入、全面、新颖的阐释视角。作者通过10个维度或向度的概括,进一步说明了这一工作的重要性和紧迫性。在世界百年未有之大变局下,全球信息传播格局正经历剧烈重构。中国作为世界第二大经济体、最大社会主义国家和东方大国、文明古国,国际形象面临"他者化"叙事困境。多个舆情调查均显示,较多的美西方受访者对中国持有消极看法,将中国列为主要防范对象,对中国持批评立场的比例也较多。有分析者据此认为,美国在舆论操控方面取得了成效。一些美西方媒体抓住一切机会抹黑中国,采取各种手段,不遗余力制造中国的负面印象。联合国教科文组织的数据显示,全球绝大部分互联网信息流量由美西方控制。在媒体、智库等构建的"中国威胁论"框架下,共建"一带一路"被解读为"债务陷阱",脱贫攻坚被认为是"政治作秀",疫情防控被污名化为"威权实验"……中国为人类发展作出的经济社会贡献与话语权之间存在严重错位。这种认知割裂也折射出国际传播的战略失衡。因此,讲好中国故事不仅是文化传播课题,更是涉及国家战略安全的核心命题,关系到中华民族的伟大复兴。

　　王进业同志长期从事国际新闻和对外传播工作,并担任领导职务,历任新华社国内分社社长、拉美总分社社长、对外新闻编辑部主任等职。他还是一位优秀的记者,足迹遍及世界和国内,深入基层采写了大量新闻作品,是长江韬奋奖(韬奋系列)和中国新闻奖的获得者。我作为他的同事,从他那里学到很多,收获甚丰。他的丰富实践经验和深入理论思考,使这部书具有超越一般传播学的战略维度,既是系统的归纳总结,更有重大的创新探索。对于如何从被动受他人刻画定性,到自主掌握形象塑造权,王进业同志的这部书给出了许多发人深省的启示。

一是必须对文明对话进行现代性重构。在亨廷顿的"文明冲突论"阴影下,中国亟须构建超越西方意识形态的崭新文明叙事,正确反映中国在世界版图上崛起这一事实。因此,要提高传播的站位,包括国家站位、政治站位、人民站位、人类站位和文明站位,以这五大站位来衡量一个新闻报道或一个传播事件的权重,对究竟要传递什么、必须说明什么、什么才是信息的底层意义,具有准确的认识,才能使文化符号的现代转译突破话语壁垒。这种跨时空的文明对话,可以为消解"修昔底德陷阱"提供一个文化缓冲带,把中国式现代化纳入人类文明的整体演进历程。

二是必须全方位开展全球治理的话语权博弈。这要求与之前任何时候相比,更需要拓展国际传播的深度和广度。既要聚焦"重磅故事",讲值得去讲的,还要开掘思想深度,把具体的故事跟更大的事情、更大的价值相联系,把故事"讲到位",触抵事物本质,做到"一把钥匙开一把锁",向世界展现一个真实、立体、全面的中国。王进业同志这部书列举了大量生动范例,涉及经济、政治、社会、文化、生态、外交、国防等各个方面,都可转化为"命运共同体"的叙事话语,从而打破"中国搭便车"的认知定式。

三是必须做到对外传播的发展与安全相平衡。美国兰德公司报告《对华战略传播》称,要"用中国人的故事动摇中国体制",这显示了美西方的步步紧逼。与以往相比,对外传播的斗争性和策略性空前增强,要求壮大实力、练好内功、积蓄能量,才能建构意识形态安全的防御纵深。王进业同志这部书对扩展媒体的传播势能、维护国家利益作了深入阐释。在构建新型文化防御体系时,既要有柔性传播的考虑,也必须保持锐度,亮明立场,针锋相对。从还原真相、对冲反击,到主动出击、"打蛇七寸",从立字当头、破在其中,再到创新叙事、另辟蹊径,都是对外传播的题中之义,有大量经验值得总结,有许多领域需要探索。

针对当前对外传播存在的难点、瓶颈和结构性矛盾,必须寻找破解之道。关键是要与时俱进,做到传播观念与方式的革新,包括实现叙事范式和话语表达的转换。王进业同志提出,面对认知鸿沟的深层挑战,面对输出和接受的屏障阻碍,必须实现从"宣传"到"共情"的叙事转型,完成从"独白"到"对话"的传播升级。讲故事要有温度,只有首先引起受众情感共鸣,才能有效促发观点共鸣和价值共鸣。主题叙事要能体现人心和个性。信息传播还要考虑跨度。在跨国度问题上,要明确利益交汇点、共同关注点和情感共鸣点。在跨文化问题上,要把我们想说的与海外受众想听的结合起来,在"讲什么"上找准契合点,在"怎么讲"上找到突破口,在"谁来讲"上找好切入点。在跨时空问题上,只有走进历史深处,才能看到更远的未来。叙事方式要有鲜度。这里的鲜,是新鲜,是传播新闻而非旧闻,是提供有效信息,减少宣传味。要重视时效,多抓"活鱼"。要提倡清新文风,用朴实平实的话语,用令人信服的逻辑,弃绝训诫和对骂。还要打磨亮度,多用高光事件、独家创意、有效"名片",并通过巧妙链接来找到闪光点。精准传播在新时代更具实际意义。对象要精准,比如对影响力日增的"Z世代",要抓住其关注的话题。同时,表达要精细,叙事要精当,意涵要精确。还要实现角度的转换,多用平视视角、具象化视角、建设性视角和他者视角,采用更平等的对话场域,用"去中心化"传播手段获得可信度,这比单向输出更有效。

新一轮科技革命正给传播带来深远影响,如何突破"平台殖民"的技术壁垒成了众所关心的重大课题。谷歌趋势分析表明,"Belt and Road"的搜索热度在"一带一路"沿线国家和地区超过欧美200%,但Meta算法限流使相关信息触达率不足15%。数字霸权在一定程度上使中国叙事受困于"信息茧房"。王进业同志提出,数字传播是当今国际传播的突破口和着力点,要全链条、全方位强化互联网思维与融合意识,持续创新跨媒介融合产品形态和样态,再造传播流程,拉长传播链条。要着力培育熟悉新媒体传播技艺的本土和海外"网红"成为文化使者,这应是当前的重点工作。据有关部门统计,我国精通"Z世代"网络话语的国际传播人才缺口达80多万。有的主要媒体海外账号运营团队中,能熟练使用memes进行文化转译的编辑不足10%,导致传播内容出现"话语代沟"。

这也是王进业同志致力突破对外传播人才断层现实困境的尝试。在工作中,我看到,他总是把"人"置于最高位置,在年轻人才的关心、培养、使用上倾注了极大精力,发掘和提携了一批善讲中国故事的新人。王进业同志这部书引用的有名有姓的新华社代表作,许多是新生代传播者的优质贡献。"十度"之上,拓展人的维度,是理解王进业同志这部书的核心。这部书因而体现了对外传播的系统观。王进业同志提出,对外传播应强化四方面意识,即"全员"意识、"全域"意识、"全面"意识和"系统"意识。这不仅着眼传播的内容,更强调了传播主体的全领域全过程参与。王进业同志深知,对外传播不仅仅是主流媒体的事情。只有凝聚海内外一切资源和力量,动员所有人加入进来,建立"洋葱模型"叙事结构,打造"蜂群式"传播矩阵,才能在这场讲述中国故事的比赛中占取先机。

当李子柒在YouTube频道用春耕秋收的微观叙事赢得国际粉丝,当大芬村农民工画师转型新媒体艺术家的故事收获海外点赞,当故宫博物院将《千里江山图》解构为数字艺术粒子的画面让世人惊叹,当袁隆平团队在马达加斯加培育的高产杂交水稻被交口称誉,这些生动而真实的叙事实践正在逐渐重塑全球认知图景。讲好中国故事,就是要在数字文明时代重构人类共同价值坐标系。传播者既要有"星球视角"的战略洞察本领,又要具备"个体表达"的原子叙事能力。唯有将文明密码转化为世界语言,方能在世界百年变局中完成从"被讲述"到"自叙事"的历史跨越。这便是王进业同志这部书给出的答案。

韩 松

2025年6月

(韩松,系新华社对外新闻编辑部部务会成员、中国作家协会科幻文学委员会副主任)

引言 "必需"与"刚需"

当今的中国于世界是一个巨大的存在:全球第二大经济体,世界最大社会主义国家,东方大国,文明古国……全球的目光愈发向中国聚焦。

据有关机构统计,世界媒体对中国的报道数量仅次于美国。每年几十万条关于中国的新闻信息"奔流涌动",自然也是鱼龙混杂。

关于中国的信息、中国的故事,日益成为世界的"刚需"。国际社会既迫切希望搞清楚:中国是什么,中国要到哪里去,中国的发展怎样影响世界;也强烈地需要具体了解:中国出台某一项政策的初衷,中国人喜欢看什么电影,中国人到哪儿旅行,中国的年轻人消费观念如何变化,中国电动汽车又有哪些新品上市,等等。

向世界讲好中国故事,让国际社会真切地感知中国、真正地读懂中国、真心地认同中国。这于我国而言是"必需",是新时代一项重要而紧迫的任务,是中华民族伟大复兴进程的一项基础工程。

习近平总书记深刻指出,落后就要挨打,贫穷就要挨饿,失语就要挨骂。他要求,讲好中国故事,传播好中国声音,向世界展现真实、立体、全面的中国,提高国家文化软实力和中华文化影响力。他还强调,加快构建中国话语和中国叙事体系,讲好中国故事、传播好中国声音,展现可信、可爱、可敬的中国形象。

要形成与我国综合国力和国际地位相匹配的话语权,就必须掌握中国话语阐释权、中国议题设置权、中国形象自塑权,掌握讲述中国故事的主导权、主动权。讲故事是国际传播的最佳方式。坚持中国立场、维护国家利益、彰显中国担当,是讲好中国故事的基本立足点。通过讲好中国故事,在国际舆论场众声喧哗中立主调,鱼龙混杂中辨真伪,莫衷一是中明是非,激浊扬清中树形象。

新时代新征程,讲好中国故事,我们享有历史上最好的机遇。

中国之兴、中国之治,为讲好中国故事提供了奔涌丰沛的源头活水。中华民族源远流长的5000多年文明,近代民族蒙难、文明蒙尘的惨痛经历,中国共产党建立后的开天辟地,新中国成立后的改天换地,改革开放后的翻天覆地,新时代的惊天动地,使中国故事天然地成为当今世界的"传奇故事""重磅叙事"。新时代中国取得的历史性成就、发生的历史性变革,中国式现代化的风雨无阻、波澜壮阔,内在地决定了中国故事的厚重与精彩,鲜明地呈现出中华民族伟大复兴进入不可逆转的历史进程的理论逻辑、历史逻辑和实践逻辑。

中国的和平发展深刻改变着世界格局。世界百年未有之大变局加速演进。美西方面临自我标榜的民主、自由、人权等价值观失色,经济社会治理失调,解决民生难题失能等困境与挑战,其话语霸权出现松动,说服力、解释力减弱。与此同时,新兴市场国家、发展中国家在国际舆论场的音量、音效大幅提升。变革中的世界需要听到中国声音,需要吸收中国智慧、中国理念、中国方案。

但同时,向世界讲好中国故事,并不会轻轻松松、一马平川。美西方出于自身霸权立场、意识形态偏见等,对我抹黑、遏制、打压力度加大。我们必须有效掌握战略主动和战术主动,以真善美之光驱云破雾,让中国故事无远弗届。

概言之,讲好中国故事,是在变乱交织的国际形势下,开展好国际传播的最佳方法;是在依然"西强东弱"的国际舆论格局中,增强中华文化影响力的基本途径;事关国家形象的塑造,事关国际话语权的掌握,事关国家软实力的提升。

唯有砥砺前行,久久为功:把中国的道路优势、理论优势、制度优势、文化优势,转化为内容优势、话语优势、故事优势、传播优势,真正把中国故事讲出去、讲上去、讲进去,让中国故事传播广泛,既进"广场",又入"客厅"。

为此,需在我们"想说的""应说的"与外国民众"想听的"并"听得懂""听得进"之间架设起通达的桥梁,有效触发受众共情、共鸣,不断增进认知、共识。

本书尝试用十个"度"来描述这座桥梁,即高度、深度、广度、温度、鲜度、亮度、角度、跨度、锐度和精度。"十度"里既有价值观,又有方法论,聚焦的是媒体对外讲述中国故事的一些思考与实践。

一、高　　度

"要站在天安门城楼上看全国、看世界。"这是我们经常听到的领导和资深编辑、记者的谆谆指教。这里强调的就是:讲故事要有高度。

只看到眼前的"一亩三分地",相比"登高望远",自是境界高下立判。讲好中国故事,首先站位要高。站位高,一是容易看清事物的全貌,能够从总体上把握事物,而不致陷入"盲人摸象"的窘境;二是能够在更宽广的时空中对事物进行比较准确的定位,而不致因于"公说公有理、婆说婆有理"的"无所适从";三是能够把握住大局与大势,做到在大局下观察、思考,更好抓住事物本质,把准发展的主流与走势,而不致雾里看花、跟着感觉走。

要拥有高站位,最根本的是加强理论武装,掌握科学的世界观和方法论。习近平新时代中国特色社会主义思想是当代中国马克思主义、21世纪马克思主义。细学深悟党的创新理论,就能提升思想高度,把握住时代进步、历史发展的大势与规律。

上接"天线"要建立在下接"地气"基础上。中国故事的高度,须以被很好地挖掘到、能够对问题有说明作用的生动情节和感人细节来展示和体现。科学研究也发现,对某种事实的认知越从常识出发,人们就越能对这一事实达成共识。

西方媒体同样非常重视所讲故事的高度、意义。美国语言学家 S.I.早川提出的"抽象阶梯"概念,对美国媒体界产生了一定影响,对我们讲故事也有借鉴价值。他认为,最概括或最抽象的语言和概念在阶梯的顶端,而最具体、最明确的话语则在阶梯的底部。阶梯顶端的写作是言说,它呈现概况;阶梯底部的写作是展示,它呈现细节;当你在精心布局的叙事中展现细节,它会带领读者向阶梯上方走去,在他的脑海中,意义自然就从故事中获得了。

我们对外讲中国故事,就是要通过构建有"根"有"魂"、有血有肉的整体认知框架,帮助海外民众更好读懂中国,努力把"我说"转化为"他信"。

具体应坚持"五个站位"。

(一) 国家站位

一是坚持中国立场。我们讲中国故事,必须站稳中国立场,体现中国观点。爱国,自是笃定不移的根本立场和情怀。党和国家的大政方针、治国理政重要理念、我对国际重大问题的基本观点等等,是我们讲好中国故事必须坚守的基本立场。像习近平总书记提出的全球发展倡议、全球安全倡议、全球文明倡议,就是我们讲好这三个方面中国故事的根本遵循。

对同一事件,站在不同立场就会有不同认识。只要我们坚守中国立场,对外讲中国故事就有了"压舱石",就可以做到任凭风浪起,而方向不偏、方寸不乱。

2023年8月,华为推出搭载自研芯片麒麟9000s的全新5G手机Mate60 Pro,市场反应极其热烈,因为这表明在美国对华为3年多极限制裁后,华为卧薪尝胆,终于突破芯片瓶颈,实现自立自强。这是精彩的中国故事,但显而易见的是,站在美国立场,华为是大错特错、断不该走到这一步的。美国商务部高官此前就挑明:如果华为放弃5G和芯片研发,美国就停止制裁。美国的如意算盘就是要对中国企业进行"低端锁定",不能让其抢美国的"饭碗"。所以,站在不同的立场会讲出迥异的故事。

2018年12月初,华为公司高管孟晚舟在加拿大温哥华机场遭到加拿大当局非法扣押。漫长的1028天之后,孟晚舟终于归国。2021年9月25日(周六),新华社播发《孟晚舟回到中国》。稿件鲜明地体现中国立场、展现国家形象,令人荡气回肠:

> 华为公司首席财务官孟晚舟周六乘坐中国政府包机抵达深圳,结束了在加拿大近3年的非法拘押。
>
> 当晚10时许,绘有中国国旗的包机降落在深圳宝安国际机场。
>
> 身着红色长裙的孟晚舟走出机舱,朝着迎接她的人们挥手。她在掌声和欢呼声中走下舷梯。机场工作人员献上鲜花。
>
> 在停机坪上等候多时的人们拉着"欢迎孟晚舟女士回家"的横幅,挥舞着国旗,高呼"欢迎回家"。
>
> 迎接孟晚舟的有她的家人、中央和地方官员,以及她的同事100多人。
>
> 因为还在疫情期间,现场没有握手和拥抱。孟晚舟发表了简短的讲话。她说,经过1000多天的煎熬,终于回到了祖国的怀抱。
>
> "祖国,我回来了!"她高声对欢呼的人们说。
>
> 孟晚舟说,她在滞留异国他乡3年里无时无刻不感受到党、祖国还有人民的关爱与温暖。
>
> "习近平主席关心我们每一位中国公民的安危,同样也把我的事情挂在心上,让我深受感动。"孟晚舟说,"我也感谢在这个过程中,所有相关部门对我的鼎力支持和帮助,他们坚定地维护了中国企业和中国公民的正当权益。"
>
> "祖国是我们最坚强的后盾。"孟晚舟说,"作为一名普通的中国人,我以祖国为傲!"
>
> 孟晚舟在讲话过程中多次鞠躬。现场响起一阵阵掌声和欢呼。
>
> 随后,人们高唱《歌唱祖国》。这是一首家喻户晓的爱国歌曲。

孟晚舟也跟着唱起来。

孟晚舟事件始于3年前。2018年12月1日,她在温哥华机场被加拿大当局以美国的引渡请求为由非法扣押。美方指控她误导汇丰银行进行违反对伊朗制裁的交易。孟晚舟否认所有指控,并与美国检方达成了延期起诉协议。

孟晚舟回国前,美方已撤销对她的引渡请求。孟晚舟也没有支付任何罚款。

中国外交部发言人华春莹周六表示,孟晚舟事件是一起针对中国公民的政治迫害,目的是打压中国高科技企业。

她说,针对孟晚舟的"欺诈"指控纯属捏造,美国、加拿大所作所为是典型的任意拘押。

孟晚舟获释引起中国网民热议。人们普遍认为,孟晚舟得以归国是中国政府不懈努力的结果。这是中国人民取得的重大胜利。

"太激动了,破防了!"一名网友说。

中国主流媒体直播了孟晚舟回国全过程。深圳是华为总部所在地。当地老百姓热情迎接她的归来。

周六晚,深圳许多地标都打出了巨型欢迎标语,无人机灯光秀点亮夜空,经典红歌响彻航站楼。

二是维护国家利益。讲什么样的中国故事,怎样讲中国故事,要以国家利益为重。如中国的核心利益就包括:国家主权,国家安全,领土完整,国家统一,中国宪法确立的国家政治制度和社会大局稳定,经济社会可持续发展的基本保障。同时,还有国家重大利益、国家重要利益等。维护和增进国家利益,这是讲好中国故事的基本责任和内在要求。

2023年3月27日至4月7日,马英九首次回大陆。新华社结合其行程,有针对性地讲好两岸命运与共的故事、大陆发展进步的故事、两岸交流融合的故事。如《马英九携家人在湖南祭祖　用当地方言回应乡亲"湘伢子回来了"》，几百字的稿件，将现场流程、环境、气氛、背景等要素，与马英九的动作、神情、话语及其与乡亲互动场景有机融合，生动展现了中国人慎终追远的传统美德和两岸同胞的骨肉亲情。

新华社记者陈键兴2024年2月采写的《知其难为而为之——访痛批"去中国化"课纲的台湾教师区桂芝》，则有力呈现了一名普通教师的正义之举、家国情怀。稿件写道：

> 原本区桂芝专注三尺讲台，认为讲好课就是对学生负责。然而，民进党当局推出的2019年新课纲使"去中国化"教育乱象加剧，她的忧虑与日俱增。
>
> 课上，她讲中国传统文化，有的学生听到"中国"感到刺耳，表现出抵触心理。"'去中国化'教育思维下，'中国'被异化为'他者'，造成学生背离传统，民族和文化认同就乱了。"她说。
>
> 不久前在台北参加一场记者会，与教育界人士共同声讨当局"去中国化"教育政策，区桂芝请求让她多讲些时间。前一天晚上，她准备讲稿到凌晨2点多，搁笔后久久不能入眠。

稿件揭示了她的心路历程：

> 湛江，20世纪90年代，区桂芝的母亲回到故乡。返家的道路，走了数十年。
>
> 区桂芝父亲过世后，母亲每年都回老家过年。今年春节，区桂芝和弟弟照例会回去陪年逾九旬的老人。
>
> "两岸隔绝年代，爸妈无法知晓他们父母何时去世。这是历史造成的人伦悲剧。"她说，"母亲因没能尽孝深感愧疚，回去后用重建老屋的方式自我救赎。长辈承受如此不幸，我们和下一代必须思考，要不要延续这样的民族苦难！"

坚决反对"台独"、坚定不移推进祖国统一大业。这些事关维护国家核心利益的故事，备受国际社会关注，自然居"高"声自远。

三是体现国家刻度。生动展示中国成就、中国贡献、中国形象、中国价值、中国精神,让宛如大珠小珠落玉盘的各类中国故事标注出国家高度、中国特色。

春节作为中国最具传统特色的节日,是海外观察中国、认知中国的重要窗口。以2024年春节为例,新华社推出丰富多彩的报道,被美国有线电视新闻网(CNN)等众多海外媒体采用。有生动展示中华文化独特魅力和世界影响力的故事,如《龙年说龙——中国龙,与西方想象的不一样》融合报道,记者通过采访考古学家、收藏者、舞龙队以及在华生活的外国人等,深入解读龙在中华文化中的寓意,其与口中喷火的西方龙有着本质不同。《"龙的传人"庆祝龙年》聚焦中国人欢庆龙年新春的热闹场景,像各地举办别开生面的"龙"生肖主题文物展,打造特色鲜明的"龙"元素文创产品,推出热闹非凡的"龙"主题灯会,将"龙"元素融入剪纸、版画等民间艺术等,多维度体现"龙"在中国传统文化中的内涵,讲述中国人对龙年的憧憬和祝福,展现中华优秀传统文化在新时代的创造性转化和创新性发展。《中国故事|与龙共舞》围绕由龙衍生出的舞龙这一民俗,展示华夏大地上既有对舞龙的传承与创新,又将它发展成为特色产业,其经济文化价值惠及四方百姓;人们与"龙"共舞,在祈求风调雨顺的同时,也舞出精彩绚丽的生活。

有彰显中国经济社会旺盛活力的故事,如《新华全媒头条|不买钻戒买黄金——中国年轻人"黄金热"折射消费投资新风尚》《中国年"新玩法"观察》《行走中国|"云端赶集""提前订"带动中国春节消费热潮》《"赏花热"催生"美丽经济"》《新春中国行|春运旅途中的年味》等。还有折射九州共贯、多元一体的中华民族共同体气象的故事,如《中国聚焦|藏历新年逢春节 拉萨民族大院年味浓》《行走中国|西藏生态搬迁移民庆祝藏历新年》《丝路古城喀什整装待发迎新春》《侗族群众欢唱大歌迎春待客》等。

故事无论大小,不管是外在肌理,还是内在机理,都应体现出国家刻度,并由此而"成其大",让海外受众具体而清晰地看到、看清中国。

新华社记者韩松、赵宇飞、张琴 2017 年 6 月采写的特写《团结村——见证历史的中欧班列首发站》，就彰显了这方面特质：

团结村站数十年来都是中国最普通小站中的一个，直到 2011 年第一列中欧班列从这里驶出。

"这揭开了 21 世纪洲际铁路运行的新篇章，成了'一带一路'的一部分。"重庆西站工会主席王卫平说。团结村站是重庆西站的下辖车站。

团结村站站长张信还记得那一天。"是我给的出发令。"他说。驶往德国的列车上装着中国产的电脑和电子元器件。

在此之前，团结村站只是一个坐落于农田和山野中的四等小站。它日常负责的仅是每天迎送几趟过往火车。

那时，它只有约 20 名员工。现在，它成了国际知名的一级大站，拥有 200 多名员工和 600 多名装卸工，年收入 5 亿元人民币。来这里访问的客人包括欧洲和东南亚的交通部长等官员。

在 2000 亩场地上，停满将运往欧洲及国内各地的洁白的长安福特牌小汽车。印有"中欧班列"字样的蓝色集装箱像小山一样堆积。橙黄的大吊车不停把货物装入车皮。然后，它们要根据所去往国家重新编组成列车。

一直工作在铁路一线的 45 岁的张信说："我没有想到这个站有一天会直接通向世界。"他承认现在最头疼的问题是人手紧缺。

"忙不过来。"他说，最初两年这里每周仅发出一列中欧班列，现在每周有 8 到 9 列。线路也由 3 股增为 12 股。

继重庆之后，已经有 20 多座中国城市开通了中欧班列，已累计开行超过 4000 列，年货物价值超过 200 亿美元。

经铁路至欧洲，所需时间是海运的三分之一，并比空运大幅节省成本。

开通中欧班列的城市像重庆一样,如今也都是繁荣的经济重镇。团结村站被选中因为它是重庆的重要货运车站,见证了这座西南城市铁路运输的快速扩张。铁路货运量被认为是中国经济的晴雨表。

重庆经济增速连续 3 年居中国第一。它的崛起是对外开放从沿海延伸至内陆的一个缩影。200 多家世界五百强企业在重庆投资。

王卫平说,每天进出重庆西站的车皮从以前的每天四五千辆上升到现在的上万辆。

2013 年提出的"一带一路"倡议,植根于 2000 多年前丝绸之路的历史土壤。它把中国的快速发展与世界共享繁荣相结合,目前涉及的人口和生产总值分别占全球的 60% 和 30% 左右。

团结村站的地位在继续上升。最近,渝桂新(重庆—广西—新加坡)国际铁路联运大通道在这里开通,是中国内陆地区连接东南亚和海上丝绸之路的第一条铁路通道。王卫平说,假如把重庆经新疆到欧洲的铁路和渝桂新连接在一起,这将是世界上最长的铁路大通道。

张信说,为了迎接更繁忙的工作,团结村这个"国际车站"正在加速扩建,"开辟新的场地仓库,搭建新的货运轨道"。

总之,我们要通过坚持国家站位讲故事,有力展示中国历史底蕴深厚、各民族多元一体、文化多样和谐的文明大国形象,政治清明、经济发展、文化繁荣、社会稳定、人民团结、山河秀美的东方大国形象,坚持和平发展、促进共同发展、维护国际公平正义、为人类作出贡献的负责任大国形象,对外更加开放、更加具有亲和力、充满希望、充满活力的社会主义大国形象。

(二) 政治站位

坚持正确的政治方向、舆论导向、价值取向,是讲好中国故事的基本遵循。

国际传播具有很强的政治性，与国家和民族的利益紧密相连。具有广泛影响力的好莱坞电影，就是对美国意识形态和主流价值观的影像诠释。美国电影之父大卫·格里菲斯曾说，美国电影在保证利润的基础上，向世界传播美国核心价值观念就是其最高使命。美国电影导演约翰·福特认为，好莱坞是美国文化的重大象征符号，与其说它是一个地理位置，不如说它代表一种意识形态。美西方媒体都是很"讲政治"的。如抹黑攻击中国，已成为一些媒体的所谓"政治正确"。

我们需深刻领会、正确把握政治性原则，提高政治站位，讲好中国故事。

一是坚定道路自信、理论自信、制度自信、文化自信。始终坚守党在社会主义初级阶段的基本路线这一党和国家的生命线、人民的幸福线，站稳政治立场，切实提高把握方向、把握大势、把握全局的能力，坚持全面展示中国特色社会主义这一中国故事的底色和本色，始终做到方向明、路子正、把握准。

2022 年，围绕新时代 10 年主题报道，新华社播发记者李斌、娄琛、孔祥鑫采写的《衣食住行之变见证中国人更美好生活》。这篇稿件虽然讲的是柴米油盐，但在多方面体现了较高的政治站位。稿件由从"吃得好"向"吃得健康"转变、"国风""汉服"流行、"一日千里"成为日常等方面，品评出中国人新时代生活的"新滋味"；展示开放而富有活力的中国消费市场，得全球化之益，赋世界以红利；进而揭示出更美好生活的"思想密码""制度密码"。不少海外网友留言赞叹中国的巨大变化和制度优势。

我们要把精彩的中国故事讲精彩，最根本的就是要以过硬的事实、数据，鲜活的情节、细节，揭示中国故事的底层逻辑、理论逻辑、实践逻辑。

新华社记者孟佳、齐菲、黄扬等 2022 年 6 月采写的《十年踪迹十年心：生态环境保护的中国行动》，就比较生动和令人信服地展现出新时代中国生态文明建设的思想引领及取得的历史性成就：

> 仲夏将至，八百里洞庭一碧万顷，浅浅掠过湖面的各色鸟儿勾勒出水天之间最灵动的一笔。

位于长江中游的洞庭湖是中国第二大淡水湖,在北宋文人范仲淹笔下"衔远山,吞长江,浩浩汤汤"。千百年来,它是沿岸民众丰饶生活的保障,也是野生动物自在栖息的乐园。

今年 25 岁的何东顺就出生在洞庭湖,是一位"渔三代"。曾经,他最快乐的事情就是坐在自家船顶,望着宽阔的湖面上不时跃出鱼儿。但是,无序的采砂破坏、大吨位船舶航行使洞庭湖生态环境一度恶化。

……

近 10 年来,中国将生态文明建设纳入中国特色社会主义事业总体布局,统筹推进山水林田湖草沙冰一体化保护和系统治理,生态环境质量明显改善……

几年前,作家北村告别 16 年的都市生活搬回老家福建省长汀县。在他的记忆中,故乡曾经水土流失严重,如今天蓝水绿、林茂田丰。

持续多年治理,长汀水土流失率下降到 2020 年的 6.78%,森林覆盖率达到 80.3%。去年,长汀水土流失综合治理与生态修复实践还成功入选联合国《生物多样性公约》第十五次缔约方大会生态修复典型案例。

"长汀取得了水土流失治理、生态修复和经济社会可持续发展的多赢效果。"长汀县水保中心主任岳辉说。

返乡的北村也有了新身份——农村电商从业者。依托当地良好的自然生态,他创立"北村自然生活馆"电商平台,河田鸡、山茶油、野生猕猴桃等 30 多种土特产品新鲜上线,主打"绿色、健康、原生态"。

中共十八大以来,"人类发展活动必须尊重自然、顺应自然、保护自然""绿水青山就是金山银山""保护环境就是保护生产力,改善环境就是发展生产力"等发展理念指导中国实践,生态文明建设不断向纵深推进。

中国先后制修订大气、水、土壤污染防治法等13部法律和17部行政法规;《关于加快推进生态文明建设的意见》《生态文明体制改革总体方案》等数十项涉及生态文明建设的改革方案出台;生态环境监测数据质量管理、排污许可、河(湖)长制、禁止洋垃圾入境等环境治理制度落地生效;全国生态保护红线划定工作基本完成,初步划定的面积比例不低于陆域国土面积的25%……

中国用实际行动践行了向世界发出的呼吁:全球从2000年到2017年新增的绿化面积中,约四分之一来自中国,贡献比例居全球首位;2016年至2020年,中国整治修复海岸线1200公里、滨海湿地34.5万亩,全球领先;过去10年,中国可再生能源发电装机规模突破10亿千瓦,绿色电力装机总量稳居第一……

稿件以何东顺的职业选择收尾,意味深长:

随着长江保护法、长江10年禁渔等一系列保护措施的严格实施,洞庭湖渐渐回到何东顺记忆中的样子。大学毕业后,他选择回到家乡加入父亲何大明所在的护鱼员队伍。

"我是在洞庭湖长大的,应该为它做些事。"何东顺说,这两年,他见到了许多很久没见到的小动物,洞庭湖正在恢复它从前的美丽。

二是坚持围绕中心,把握大局。胸怀"国之大者",锚定党和国家大政方针、中心任务、战略部署、重大成就等,做党和国家政策主张的传播者、时代风云的记录者、社会进步的推动者、公平正义的守望者,着力把中国故事讲到点子上、讲到关键处。

2023年冬季,哈尔滨凭借得天独厚的冰雪资源和优质暖心的服务,成为众多国人的向往之地,人气爆棚。新华社及时组织播发系列对外报道,展示"冰城"的热力、中国的活力。

新华社古巴籍记者塞尔希奥·戈麦斯2024年2月采写的《在"冰城"感受中国经济的火热活力》写道：

> 通红的鼻尖和脸蛋，呼气冻出的冰碴儿挂满帽檐，我挤在游客队伍中，排队两小时，只为抢到离舞台最近的位置。零下20摄氏度的寒冷挡不住游客们的热情，冰天雪地里响彻欢声笑语。

> 龙年春节前夕，我这个来自热带的"加勒比洋芋"加入"南方小土豆"，来到我从小就梦想的地方：中国"冰城"哈尔滨。中国北方的美丽和热情远超我的预期，更让我惊异的是这里集聚的人气与商机。

> 风景如画的松花江畔，一场盛大的雪地派对在哈尔滨冰雪大世界上演，几万名游客随着电音节拍快乐舞动。这里因此成为这个冬天中国最流行的旅游打卡地之一。

> 在这里，我结识了这个冬天当地最火的DJ——38岁的"左右哥"。在冰雪大世界当了12年主持人的他对我说："几年前，观看演出的游客每天只有几个人，今年增长到几万人。"

记者还讲述在早市销售冻水果的摊主、从广东来哈尔滨欢度春节的张福礼一家和来自巴基斯坦的小伙阿里的经历与收获。他们的兴奋之情溢于言表、跃然纸上。

报道最后由点及面，以有说服力的数据表明：中国举办冬奥会时提出的带动3亿人参与冰雪运动愿景正在变为现实：

> 根据官方统计数据，目前中国拥有近2000个冰场、雪场，预计2025年中国冰雪运动产值将达到1万亿元。

> 中国旅游研究院发布的《中国冰雪旅游发展报告（2024）》预测，2023至2024年冰雪季，中国冰雪休闲人数有望首次超过4亿人次，冰雪休闲旅游收入有望达到5500亿元。该报告显示，2022至2023年冰雪季，冰雪休闲旅游人均消费为1119元，是2022年中国旅游人均消费的1.39倍。

新华社组织播发的对外报道注意从政治和全局着眼,让哈尔滨冰雪故事展现出更加丰厚深刻的内涵。如 2024 年 1 月播发的《哈尔滨推火中国冰雪经济》,有机融入东北全面振兴的国家区域发展战略,凸显发展冰雪经济的价值和意义。同月播发的《冰雪热背后的供给侧结构性改革》,令人信服地解读冰雪热背后的改革动力。《外企看好中国冰雪经济新机遇》呈现出中国高质量发展不断给世界带来的新机遇、新前景。这些冰雪故事,也有力对冲了国际上一些唱衰中国经济的论调。

三是践行马克思主义新闻观。马克思主义新闻观是新闻舆论工作的灵魂,是讲好中国故事的"定盘星"。

首先,正确把握政治性与新闻性的关系。注意从政治上观察、分析故事的价值、意义及报道的角度、时机等,正确认识和把握故事的政治属性、政治因素,正确把握时度效,而不能书生意气、单纯业务观点。同时,强化故事的新闻性,扣准受众的关注点,把政治性与新闻性有机融入讲述的故事中。

西方媒体同样极其重视政治性,且打着新闻专业主义旗号,很善于表现或精于隐藏其政治倾向、政治观点。

2019 年,香港发生"修例风波",西方一些政客、媒体上下其手、兴风作浪。以新华社亚太总分社办公楼遭暴徒打砸破坏的报道为例,11 月 2 日,新华社向海内外播发事实真相:

> 2 日下午 5 时 20 分许,位于香港湾仔区的新华社亚太总分社办公大楼,遭到一批黑衣蒙面暴徒打砸破坏及纵火。
>
> 在持续约 10 分钟的打砸破坏中,暴徒破坏大楼门口安防设施,在大楼正门玻璃墙及外墙上喷涂侮辱性字句,砸毁大楼玻璃大门及玻璃墙,大楼二层及三层的部分窗户也被砸坏。暴徒还向办公大楼大堂投掷燃烧弹及油漆弹,并一度进入大楼大堂进行破坏。还有暴徒在大楼正门门口纵火。
>
> 当日下午,有激进示威者在铜锣湾维多利亚公园非法集结,警方

随后采取驱散及拘捕行动。暴徒在被警方驱散后,便在湾仔、铜锣湾一带寻衅滋事,进行打砸破坏。

新华社亚太总分社负责人强烈谴责暴徒打砸新华社亚太总分社办公楼的野蛮行径,对暴徒的暴力行为表示极大愤慨,希望香港警方严肃调查这一事件,严正执法,将暴徒绳之以法。黑衣暴徒的行径再一次表明,只有依法止暴制乱,才能保障香港的正常社会秩序和各界群众安全。

新华社同时还配发评论《正义之声必将洞穿"黑色恐怖"》,明确指出:"在黑色暴力威胁面前,我们将一如既往地坚持权威、真实、全面的报道,向海内外受众反映发生在香港的事实真相。我们绝不会向暴力低头!"

此事是非分明、铁证如山,但美国福克斯网站一篇文章在描述打砸场景时用了一连串被动句,只交代门窗被砸、墙上涂字、纵火等信息,并未交代施动者是谁,刻意模糊行为主体。而在描述警方行动时,却全部使用主动句,直接点明警方使用暴力。其立场、倾向明显。

西方媒体在报道中经常通过背景添加、条件状语的使用、直接引语与间接引语的选取等语言技巧,在细节中暗含作者的政治立场、价值取向,语言技法运用可谓"驾轻就熟",使受众不知不觉受到情绪引导和观点误导。

其次,正确把握传播效果与社会效果的关系。讲故事毫无疑问要重视传播效果,让更多的人看到、听到我们讲述的故事,但不能陷入一味博眼球赚流量的误区。更为重要的是要关注传播的社会效果,形成正向的舆论影响。如在重大突发事件报道中,讲故事要体现人民至上、生命至上,展现守望相助、同舟共济、人间真情,从而做到关注灾难但不消费灾难,追求共情但不煽情,重视效果但拒绝渲染。

2023年12月18日晚甘肃积石山地震发生后,新华社率先对外发布消息,随后以滚动方式及时、全面、准确向外界介绍受灾情况和中国在余震、极寒天气中全力救援情况。故事传递出的悲情、温情与力量动人心弦。

如《特写:与时间和寒冷赛跑——甘肃积石山地震灾区首夜见闻》中写道:

村民们正被疏散到安全地点,医疗队正争分夺秒地帮助有需要的人,出租车司机正将受伤的人送往医院。救援车辆和救护车在受灾地区提供援助。

甘肃蓝天救援队队员们在大河村广场上搭建起数十个帐篷。蓝天救援队是中国的一个民间救援组织。当地干部烧了开水,供受灾群众饮用、冲泡方便面用。

周二凌晨 2 点左右,当地出租车司机马达吾德出发赶往陈家村。他说,自己的手机里全是寻求帮助的信息。

在大河家镇,气温降到零下 16 摄氏度,当地一家医院的 140 多名医护人员正在照顾伤员。许多亲历地震的人说,震后他们还未能与亲人联系上。

"我家里 7 间房全部震倒了。"在积石山县中西医结合医院工作的石丽珍说。她一边抹着眼泪,一边将几瓶冻出冰碴的盐水塞进被褥里解冻。

积石山县中西医结合医院院长马渊俊告诉新华社记者,住院部大楼在震后出现裂缝。他组织医护人员,将医疗物资从仓库中搬运出来,并在路边搭建起临时床铺,紧急救治受伤群众。

"生命是最重要的。"他说,"只要人在,就有希望。"

其他报道如《中国聚焦 | 中国各部门迅速启动应急响应 打出抗震救灾组合拳》等,展现了中国应对灾害时以人为本的理念和高效动员组织能力。《为了生命的坚守——青海省民和县地震救援现场》《中国克服严寒天气全力保障震后受灾群众生活》等,突出展示地震后党委、政府和社会各界全力救援救治,尽力帮助受灾群众恢复生产生活情况。稿件被路透社、美联社、彭博社等媒体转载,其中路透社《中国地震受灾群众在刺骨的寒冷中获救》核心内容

来自新华社稿件。

总之，坚守政治站位，我们讲中国故事就有了导航仪、定盘星，就能在对外传播中更好地掌握主动。

（三）人民站位

人民就是江山，江山就是人民。坚持人民站位，就是从人民的立场、人民的视角、人民的需要、人民的经验去认识世界，把人民作为中国故事的主体、主角、主干，用心用情讲述。中国共产党把人民立场作为根本政治立场，坚持以人民为中心的发展思想，所以，人民站位与政治站位从根本上讲是一致的。这是中国故事的内核所在。

首先，坚持人民至上理念。坚守人民立场，顺应民心所向，把握群众的喜乐忧盼，让我们讲述的中国故事随着人民的脉搏跳动、忠实反映人民的心声。

中国的一切发展进步、以中国式现代化全面推进中华民族伟大复兴的历史进程，从根本上都体现为一切为了人民，一切依靠人民，发展成果由全体人民共享。这是我们讲述中国故事的出发点和立足点，也是中国故事最大的特色。

人民代表大会制度是中国根本政治制度，中国共产党领导的多党合作和政治协商制度是中国基本政治制度。一年一度的全国两会是讲好中国故事的重要契机和舞台。向海外讲好中国两会故事，最基本的就是要讲好人民与两会的故事，揭示如何通过我国政治发展史乃至世界政治发展史上的全新政治制度安排，维护和发展人民的根本利益。

2024 年全国两会期间，新华社播发记者桂涛、娄琛、周而捷、长远等采写的特稿《中国民主的独特实践》，讲述全国两会是如何把全国人民的所思所盼通过全过程人民民主融入国家发展顶层设计。稿件开篇写道：

北京，人民大会堂。王永澄戴着墨镜，指尖轻触纸面，仔细审议盲文版政府工作报告。今年,这位盲人全国人大代表在盲文电脑上敲出关乎数千万中国残疾人养老的建议,在全国两会上提交。

福建,五夫古镇"民情茶话室"。延续古老的摆茶议事传统,人大代表与老百姓喝茶聊事……袅袅茶香中,大家的事大家议、大家定。

湖南,攸县山村。一棵年逾1500岁的古树焕发生机。全国政协委员赖明勇在山村调研"跑出来"的建议,推动湖南23万余株古树名木有了法规"保护伞"。

大到国家立法,小到邻里间的"鸡毛蒜皮"——世界五分之一人口正开展独特的民主实践。王永澄的"指尖"、赖明勇的"脚下",连着中国人的"心头"。中国人用自己的办法解决自己的问题,开启人类政治文明的新境界。

稿件从"最广泛、最真实、最管用"3个层面,以生动的事例展示中国式民主的生动实践,如:

"中国的56个民族都有本民族的全国人大代表和全国政协委员。全国人大代表刘蕾为中国人口较少的民族之一、只有5000多人的赫哲族发声。今年全国两会,她呼吁加大对边远地区产业扶持力度,帮助曾以渔猎为生、如今将传统鱼皮画卖上跨境电商平台的赫哲族更好地拥抱现代化。"

"在步入老龄化的中国,养老关乎亿万家庭。全国人大代表刘廷已连续4年在全国两会上提交有关养老的建议。为深入了解老年群体的真实生活需求,他专程跑了国内20多个城市,还去国外养老辅具工厂调研。今年,他提交的建议与数字智能服务养老业有关。"

"全国政协'最年轻'的环境资源界别一年前设立,去年共提交160余件提案。该界别委员、青年环保科技工作者黄绵松过去一年在国内多地围绕建设'美丽乡村'等议题深入调研。今年,他建议推动农村环境设施有序建设。"

"2019 年全国两会，来自甘肃积石山县的全国人大代表董彩云提出，当地缺一条连接外部的高速公路，孩子们去周边上学要坐一天车。在场的各部委同志积极吸收采纳代表意见。经论证，公路当年开工建设，去年底通车。积石山突发地震时，这条路成了连通震区的'生命通道'。"

"'在美国这样的西方国家，很少能看到农民、工人和少数族裔在最高国家权力机关中有较高比例的代表。'巴西《论坛》杂志记者维达尔写道，'中国两会上，不同声音得到倾听和尊重。'"

其次，坚持以人民利益和幸福为根本标尺。人民群众对美好生活的向往，就是党的奋斗目标。人民利益和生活幸福是衡量与检验中国故事的根本价值标尺。展现人民群众为实现美好生活奋斗圆梦的故事，是最有魅力的中国故事。

2021 年，中国全面建成小康社会，胜利完成党确立的具有里程碑意义的第一个百年奋斗目标。国务院新闻办公室 2021 年 9 月 28 日发表的《中国的全面小康》白皮书指出："中国的全面小康，是全体人民共同享有发展成果的小康。不让一个人掉队，不让一个区域落下，不让一个民族滞后，体现了实现人的全面发展和实现全体人民发展的有机统一，体现了实现共同富裕的社会主义本质要求。全面小康的阳光照亮 960 万平方公里广袤大地的每一个角落，14 亿多人民、56 个民族共同享有幸福美好的小康生活。"

围绕全面小康，新华社持续推出一系列生动感人的追梦故事，记录中国人民摆脱贫困、迈向全面小康的坚实步伐和巨大变化。其中，新华社记者程露、吉哲鹏 2019 年 12 月采写的《"冰花男孩"一家的温暖新生活——中国人正迈向全面小康的梦想》，就是一个鲜活案例。

"冰花男孩"王福满是云南省昭通市鲁甸县新街镇转山包力圆希望小学三年级学生。2018 年 1 月的一天，他为了赶上期末考试，一大早冒着零下 9

摄氏度的低温,走了 4 公里多山路到学校。走进教室,王福满被拍下一张头顶冰花、脸蛋通红、衣着单薄的照片。照片被发到网上后广泛流传,并引发高度关注。一年后,新华社记者跟踪讲述了王福满和他的家庭脱贫奔小康的故事。稿件写道:

"冰花男孩"王福满今年冬天不再有结霜的头发和皲裂的脸颊。

现在,他家已搬进新房。通往学校的 5 公里山路修成了水泥路。这个男孩和他的姐姐住在鲁甸县——中国西南部云南省的一个农村地区,他们可以步行 20 分钟到学校。

"新的水泥路使上学变得容易多了。我再也不用担心他们的安全了。"男孩的父亲王刚奎说。

随着各级党委、政府致力于改善人民生活,中国农村的生活和教育条件显著改善。

王福满一家今年秋天摆脱了贫困,告别了住土坯房、靠土豆为生的旧日子。

鲁甸是云南 27 个深度贫困县之一。2014 年,该县 46.9 万人口中约有四分之一处于贫困状态。由于住房翻新、搬迁和发展特色产业等一系列支持政策,这一数字在 2018 年降至 29892 人。

"冰花男孩"家庭的命运变化反映了中国的进步,2013 至 2018 年间,中国超过 8000 万人摆脱贫困。

现在,王和他们的邻居已搬到一个新的村庄。王家现在住在一栋 100 平方米的砖房里,离他们以前的家只有 2 公里远。新房子很现代,冬天明亮温暖,有一系列家具和电器,如电磁炉、沙发和 25 英寸电视。

"冰花男孩"家庭只是中国偏远地区数百万家庭中的一个。对他们来说,中国梦就是孩子能上学,老人身体健康,家庭收入增加。

稿件随后点面结合地介绍了"冰花男孩"家庭享受医保政策、学校条件改善等情况。

稿件结尾余音绕梁：

"我喜欢学习，想考入北京的一所大学。我的梦想是长大后成
为一名警察，保护我的国家。"这名男孩说。他穿着一件厚厚的
冬衣。

最后，坚持人民主体地位。人民是历史的创造者，是国家的主人。对外讲
述中国故事，要坚持人民的主体地位，彰显人民群众作为创造者、奋斗者、贡献
者的时代风采和历史角色。

党中央在研究制定 2021—2025 年中国发展蓝图的"十四五"规划过程
中，反复征求了人大代表、政协委员、专家学者、各民主党派和无党派人士等各
界人士意见，通过互联网向全社会征求超过 100 万条意见建议，最终通过最高
立法机关表决转化为国家意志。党的二十大召开前几个月，相关工作网络征
求意见正式启动，向人民群众征求意见的内容包括"关于积极发展全过程人
民民主""关于建设社会主义文化强国"等 8 个方面。新华社对外浓墨重彩地
进行了报道，从一个方面反映出中国从群众中来、到群众中去的治国兴邦
之道。

2019 年，在五四运动 100 周年之际，新华社播发记者王健、许林贵等采写
的对外特稿《新时代　新青年》，展现了中国青年的主人翁意识、时代骄子风
采。稿件中，有青春奋斗的故事：

湖北青年柴闪闪是一名"快递小哥"。他中专毕业后到上海打
拼，从站台扛包裹干起，冬天时常冻得浑身发抖，夏天顶着高温奋战。

柴闪闪咬紧牙关，勤练业务技能。如今已是业务骨干的他能把
全国 2600 多个地名熟记于心，每天 1 万多袋邮件经他之手，快速准
确地发往全国各地。

快递业是中国蓬勃发展的"新经济"的一个缩影。去年，中国快
递业务量突破 500 亿件，超过了美、日、欧等发达经济体的总和。在

这背后,是每一个快递行业从业者的奋斗。

有青年人与祖国和人民同频共振的故事:

家在塔克拉玛干沙漠腹地的帕提古丽·亚森是一名治沙员。她多次放弃调动工作的机会,选择与风沙作伴。

"沙漠已经融入我的血液。对我来说,这些苗木就像孩子一样。"她说,前年有机会坐上小型飞机,从空中俯瞰 11.5 万亩人工林在沙漠中形成一片绿洲,感到特别骄傲。

帕提古丽·亚森投身的绿化国土行动是生态文明建设的重要内容。

过去 40 多年,中国森林面积、森林蓄积量分别增长一倍左右,人工林面积居全球第一,对全球植被增量的贡献比例居世界首位。

"越来越多的中国沙漠正慢慢变绿,我为中国对世界生态作出的贡献而骄傲。"帕提古丽·亚森说。

有青年人肩负起一代人使命、创造一代人精彩的故事:

2013 年,33 岁的汪滔带领平均年龄 20 多岁的团队,成功研发了名为大疆"精灵"的一体式航拍无人机,从此在中国打开了消费级无人机新市场。几年后,大疆无人机在国际市场持续稳定占据同类产品 70%以上市场份额。

汪滔说,创办大疆无人机的初衷源于"想做出一架可以随意操控的小飞机"的儿时梦想。

"比起老一辈的创业者,我们有太多优势:国家政策的扶持、更广阔的信息获取途径、更蓬勃的市场。"Keep 创始人王宁说,"所以,我们这代人既敢于梦想,也敢于尝试。"

创新既迸发于大众创业的热潮中,也绽放在关乎国家发展未来的基础科研项目里。

500 米口径球面射电望远镜(FAST),世界首颗量子科学实验卫星墨子号的主载荷,首架国产大型客机 C919,中国第一个真正意义上的空间实验室天宫二号……很多科研成就背后的主力研发团队,平均年龄都是 30 多岁。

这些故事生动地表明一个真理:青年兴则国家兴,青年强则国家强。

总之,坚守人民站位,我们就站在道义制高点,讲出的中国故事就有说服力、感染力。

(四) 人类站位

人类大家庭,同处地球村。对外讲述中国故事,要展现出中国共产党和中国人民致力于推动建设更加美好世界、为人类作出更大贡献的天下情怀、国际担当。

首先,秉持人类命运共同体理念。习近平总书记提出的推动构建人类命运共同体理念,是国际社会求和平、谋发展、促合作的最大公约数。中国历来讲求"天下一家",主张民胞物与、协和万邦、天下大同,憧憬"大道之行,天下为公"的美好世界。中国共产党自成立之日起,就胸怀天下,以为人类作出更大贡献为己任。新时代,中国推动构建人类命运共同体的理念与实践,正日益落地生根、深入人心。

新华社记者张正富、徐泽宇等 2020 年 11 月采制的微视频《神奇的"中国草"》,从一株草讲起,围绕 20 世纪 80 年代福建省农林科学家林占熺开展的菌草技术研发项目展开。这一项目在时任福建省省长习近平的支持和推动下得以起死回生、开花结果,不仅帮助国内多个贫困地区脱贫,还"冲"到了全球反贫困斗争的第一线。从太平洋海岛斐济到非洲内陆国卢旺达,从巴西的丛林到约旦的沙漠,中国菌草在全球 106 个国家种植,帮助当地穷人脱

扫码看新华社英文客户端《神奇的"中国草"》

贫。联合国大会第 73 届会议主席埃斯皮诺萨、巴布亚新几内亚前高官、在中国学习菌草技术的尼日利亚留学生等，都在视频中用真实生动的事实与数据讲述菌草种植带来的积极变化。视频传播效果突出，海外社交媒体平台浏览量 2600 多万、互动量 44 万。网友 Gham Shyam Malla 留言："菌草技术是伟大的创造和巨大的鼓舞。"网友 Osire Johnson Sunday 跟帖说："美国不应该再到处发动战争了，应该像中国这样集中精力进行国际合作。"

其次，弘扬全人类共同价值。和平、发展、公平、正义、民主、自由的全人类共同价值，是各国人民共同的追求，是全人类的基本价值共识，顺应了人类发展进步的时代潮流。中国是全人类共同价值的倡导者和践行者。从理念到实践、从国内到国际，应让中国故事成为这一国际社会价值同心圆上的时代强音，凝聚起共建美好世界的共识和力量。

和平是中华民族最深层的文化基因。中国是世界和平的坚定维护者。与历史上西方国家殖民掠夺、国强必霸不同，中国走的是和平发展道路。2020 年 1 月，新华社播发记者张正富、王东明等策划推出的视频《新华社记者说｜独家！新华社"洋记者"探秘和平方舟》，用独家的视角、新颖的方式，由外籍记者出镜，解读我国第一艘制式远洋医院船和平方舟号背后的故事。采访团队前往浙江舟山，从大量素材中挖掘出 4 个典型故事，包括医院船英勇无畏前往刚刚遭受"埃博拉"病毒侵袭的塞拉利昂、紧

扫码看新华社客户端《新华社记者说｜独家！新华社"洋记者"探秘和平方舟》

急受命前往菲律宾台风"海燕"重灾区、坦桑尼亚总统赠送礼物，以及医院船医护人员接生第一个婴儿等。视频客观、真实再现了和平方舟号 24 万余里航程中不为人知的细节，有力展示了其守卫和平的友谊使者形象，是中国致力于构建人类命运共同体、共建海洋命运共同体的生动写照。视频成为网络"爆款"。海外网友留言："在全世界分享健康与和平非常高尚。""这艘船意义巨大，它展示了中国要帮助那些贫困的国家。你必须称赞这样的行为！""谢谢

中国政府和中国人民的慷慨帮助。"

最后,站在人类进步的一边。中国自古崇尚天下为公。中国站在人类进步的一边。中国故事内在地、本质地攸关人类进步与福祉。

一方面,我们要讲清楚:占世界人口 20% 的中国把自己发展好,就是对世界、对人类的重大贡献。20 世纪 80 年代,美国世界观察研究所所长莱斯特·布朗提出"谁来养活中国"的问题,引起国际社会高度热议。事实已经证明,布朗的观点和预测是错误的。这些年来,"把中国人的饭碗牢牢端在自己手里"的故事可以说常讲常新,包括中国以最严格的政策保护耕地、提升包括良种良法在内的科学种田水平、大面积改造盐碱地、改革完善农村经营体制等等,正所谓"中国的,就是人类的"。

另一方面,我们要展示好:中国弘扬立己达人精神,积极为世界和平发展、全球治理、人类福祉等提供中国智慧、中国动力、中国方案和宝贵的国际公共产品。

人类只有一个地球。保护好地球环境可以说是人类最大利益所在。中国积极推动完善全球环境治理,加快绿色低碳转型,全面推进绿色发展,构建人与自然生命共同体。"草木有情皆长养,乾坤无地不包容"。新时代,中国生态环境发生历史性、转折性、全局性变化,为全球应对气候变化作出了重大贡献、提供了有益经验。

新华社记者付敏、姚雨璘、吴子钰 2024 年 1 月采写的《农业碳汇交易在中国乡村悄然兴起》,让人耳目一新:

> 当厦门市同安区莲花镇军营村把两年茶园碳汇卖出 1.4 万多元的时候,全村人都觉得好奇:种植茶园的同时,"空气"还可以卖钱?
>
> 今年 66 岁的军营村党支部书记高泉伟坦言,刚开始,他也讲不清楚碳汇是什么,"长这么大,我也是第一次遇到在山上种植茶树还可以卖'空气'的事,虽然钱不是很多,但大家看到了农业还有另一种出路"。

2022 年 5 月 5 日，厦门产权交易中心建成运营全国首个农业碳汇交易平台，并发放全国首批农业碳票 2 张，莲花镇军营村、白交祠村分别获得编号为 0001 和 0002 的农业碳票。厦门银鹭食品集团通过厦门农业碳汇交易平台，购买了两个村的农业碳汇。

农业碳汇是在农业生产过程中通过农业种植、植被恢复等措施，吸收大气中的二氧化碳，从而减少温室气体排放的过程或机制。农业碳票则是以凭证的形式，通过第三方机构监测评估，对于权属清晰的农作物出具报告，用来统计一定范围内农业碳汇量的证明。

作为中国经济发展的底色，绿色自然成为中国故事的"亮色"。

在 2024 年 3 月博鳌亚洲论坛年会举办期间，新华社播发记者柳昌林、赵叶苹采写的《中国"绿电"发展为全球能源转型注入活力》，反映中国绿色发展的生动实践和对世界作出的重大贡献：

> 披着"帽子"吸收光能的房顶，捕集风能的"花朵风机"，会"呼吸"的幕墙……参加博鳌亚洲论坛 2024 年年会的嘉宾发现，隐藏在博鳌东屿岛上建筑体里的先进科技产品，巧妙地借助自然制造风电、光能等清洁能源，实现产电和用电自平衡。
>
> "我们充分利用岛上闲置的屋顶、空地，安装设计光伏太阳能发电板，源源不断地为博鳌亚洲论坛提供绿电供应和保障。"中远海运博鳌有限公司副总经理樊冲介绍，在设计过程中，该公司充分考量了光伏与建筑物的结合，在不影响建筑物透光的情况下，设计了光伏屋顶、玻璃幕墙、光伏发电玻璃、光伏发电栏杆等产品，将光伏产品与建筑物完美融合，也让光伏的应用场景更多元。
>
> 3 月 18 日，由住建部与海南省共建的博鳌东屿岛近零碳示范区正式启动运行，岛内风电、光能等清洁能源转化成"绿电"，年生产电量约 3200 万度，能够满足示范区年用电量 1700 万度的需求，并将剩余电量上网。

"年会期间,岛上所有场馆'绿电'供应预计超过43万度,相当于减少二氧化碳排放约225吨。"海南电网公司相关负责人说。

这个历经近3年打造而成的近零碳示范区,成为向世界展示中国绿色低碳发展理念、技术和实践的窗口。

报道介绍了海南和全国零碳电力发展情况,并引用博鳌亚洲论坛发布的《可持续发展的亚洲与世界2024年度报告:迈向零碳电力时代　推动亚洲绿色发展》中的权威数据表明,中国作为全球可再生能源领域的领导者,不仅装机规模全球第一,且通过精准的政策调控和技术创新,大幅降低了可再生能源发电成本。

这些故事有效展示了中国胸怀世界的负责任大国形象。

(五) 文明站位

文明的星空最是照耀大地、滋养心灵。5000多年中华文明历史地赋予中国故事以深厚的文明底蕴,现实地赋予中国故事以高远的文明站位。我们讲述的中国故事自然应具有一种润物无声、直抵人心的力量。

首先,坚持文明导向。恩格斯指出,"文明是实践的事情,是社会的素质"。一方面,用心讲好5000多年中华文明源远流长,并不断在传承中创造性转化、创新性发展的生动故事,阐释好中国人民的宇宙观、天下观、社会观、道德观,展现中华文明独特的魅力与活力。

新华社2023年10月播发《中国守护农耕文明　助推农业现代化发展》,讲述一个古老而又现代的文明传承创新的故事。在贵州苗乡侗寨,稻田里养鱼放鸭这一经过民族交往、文化融合逐渐发展而成的稻鱼鸭复合系统,由于丰富的生物多样性、独特的农业生产方式、古朴的民族文化传统,被联合国粮农组织列为"全球重要农业文化遗产"。统计显示,截至2022年底,全世界共有"全球重要农业文化遗产"65项,分布在23个国家和地区。其中,中国拥有

18项,是目前拥有该遗产最多的国家。报道生动展示了中国在建设农业强国的今天,仍致力于从古老的农耕文化中汲取智慧,以传统农耕文明助力农业现代化发展;鲜明揭示了中国不忘本来、吸收外来、面向未来的文明进路。

另一方面,以文明为"时代标尺",把握并展示文明进步的方向和大势。从原始文化到农业文明、工业文明,再到生态文明或知识文明,人类社会总体朝着生产力发展、政治公平公正、人类个性解放的方向进步,朝着和平、合作、发展、共赢的方向进步。我们对外讲述中国故事,要鲜明地体现出文明视角、文明内涵和文明刻度。

新华社记者程露、柳新勇、田金文等2021年8月采写的《邮递员见证西藏公共服务改善》,就是这方面的一篇佳作。稿件写道:

> 想象一下在中国海拔最高的乡镇投递包裹。你将不得不面对肆虐的狂风、刺骨的严寒和稀薄的氧气。现在再想象一下,这样的工作要坚持16年,而且没有犯过一次错误。
>
> 很少有人能做到这一点,但35岁的次仁曲巴做到了。
>
> 作为中国西南部西藏自治区山南市普玛江塘乡的第一位邮递员,他迄今已经在6个村庄和1个边防派出所投递了157万份报纸、4.3万封信件和3.8万个包裹,从未失误。
>
> 平均海拔5373米的普玛江塘乡,面积达1200平方公里,人口却只有1000多人。中国政府要求为每个乡镇提供邮政服务,普玛江塘乡也不例外。2005年,次仁曲巴成了当地一名邮递员。
>
> 当时,普玛江塘乡路况差。次仁曲巴骑着自行车往返在邮路上,成为这个偏僻角落与外界联通的重要纽带。
>
> 对他来说,在中国最高的乡镇投递信件和包裹并不容易,要克服地球上一些最恶劣的条件:空气含氧量不足海平面的40%,年平均气温零下7摄氏度。
>
> 邮递路线单程约为160公里。次仁曲巴在过去的16年里总共

走了 60 万公里,穿越冰雪、山脉和河流构成的广阔地域。

路途中最大的挑战是一座海拔约 6000 米的高山。"每向前迈一步都很吃力。心脏都会剧烈跳动,喘不过气来。"次仁曲巴回忆起早年的工作经历。

作为一名中国共产党党员,次仁曲巴说:"这个工作只要对村民有好处,我就会坚持做下去。"

邮递员是雪域高原的"文明使者"。他们感人的故事既"丈量"出走过的"文明里程",也勾画出他们眼中西藏的"文明历程":

位于林芝市的察瓦龙乡隐藏在群山之间,被称为高原"孤岛"。邮递员尼朗旦布见证了"孤岛"不再孤单。

"过去,村庄与乡镇之间没有路。信件和包裹由政府雇的当地居民不定期投递,或者由村民自取。"他说。

随着交通状况改善,他现在可以每两天用摩托车向 6 个村庄投递邮件。

多亏了无数像次仁曲巴和尼朗旦布这样的乡村邮政工作者,西藏的邮政服务取得长足进步。邮政网络覆盖该地区所有的村庄。快递服务站设到了海拔 8848 米的珠穆朗玛峰脚下。

中国邮政西藏分公司称,该公司在西藏建立了 600 多个乡镇服务网点,农村地区开通 1300 多条邮递路线。

邮政服务是西藏近年来众多改善的公共服务之一。旧西藏没有一所现代意义上的学校,文盲率高达 95%。新时代的西藏学生可以从幼儿园到高中享受 15 年免费教育。

1951 年和平解放之前,西藏只有 3 家规模很小的官方藏医机构和私人诊所。现在,该地区已经建立起完整的医疗服务体系,涵盖常规医疗服务、妇产、儿童保健、疾病防控以及藏医学和治疗,共有 1642 家医疗和卫生机构。

西藏的公共文化服务系统也在不断改善。现在，图书馆、画廊、博物馆和文化活动中心已成为丰富人们文化生活的重要场所。

2014 年，普玛江塘铺设了柏油路，交通变得更加便捷。次仁曲巴将他的交通工具从自行车升级为摩托车。两年后，他开始使用货车投递包裹。

随着当地居民习惯在高原上使用互联网，他的工作范围远不止包裹投递。他现在还教村民在线购物、与亲戚视频聊天，并向其他地方推销本地特产。

其次，彰显人类文明新形态。一切国家和民族的崛起都以文化创新及文明进步为先导与基础。党领导全国人民在 5000 多年中华文明深厚基础上开创和发展中国特色社会主义，成功走出中国式现代化道路，创造了人类文明新形态。这一文明新形态把以人民为中心、不断实现人民对美好生活的向往作为核心理念，致力于消解人与自然、人与社会、人与人之间的对立，超越自然中心主义与人类中心主义的二元对立，实现了对以往人类文明形态的辩证否定和积极扬弃，是"有根""有魂""有梦"的文明形态，为众多发展中国家提供了实现现代化的新选择。我们要对外讲清楚这一文明新形态的理论逻辑、历史逻辑、实践逻辑，展示好其在中华大地上的生动实践、丰硕成果、壮阔进程。

2022 年新年之际，新华社播发记者李志晖、桂涛、周文其等采写的对外特稿《中国新征程　文明新华章》。稿件寓理于事，点面结合，让人感受到文明的厚重与清新。稿件开头写道：

新年的中国，一切如常，却又万象更新。

北京。大学生志愿者韩子懿正绘制一幅"鸟巢"数字画。北京冬奥会将在此开幕，千年古都成为人类首个"双奥之城"。

上海。中共一大纪念馆讲解员张欣怡正讲述"开天辟地的大事变"。世界最大执政党将迎来二十大，馆方预计届时访客量将创新高。

广西。钦州港商检员陈荣镇正检查一批东南亚"零关税"水果，它们将进入中国千家万户。世界最大自贸区已于1月1日正式启航。

伟大变革投射在一个个普通人身上。

稿件中一些场景的描述，言近旨远，展现了文明新华章的强大魅力：

西藏林芝。海拔3000多米的网红打卡地鲁朗国际旅游小镇，吸引着久居城市的上班族。那里有高山牧场、森林雪山、蓝天白云和各色藏式民宿。暖阳下，游客在咖啡屋里轻松交谈，经幡迎风飘扬。未来，已开工建设的川藏铁路将在附近通过。那时，火车将跨越"世界屋脊"，曾经与世隔绝的高原小镇将加速奔向现代化。

……

2022年，红色热土江西赣州。新年的列车从这里飞驰而出，沿着开通尚未满月的赣深高铁驶向崛起于南海之滨的深圳。"道路"的故事寓意其中：一头是中共成功探索革命道路的见证地，另一头是代表中国探索人类前行未来的"中国特色社会主义先行示范区"。

……

世界最大规模的人口集体迈向现代化，这意味着人类发展史上将出现一系列激动人心的场景。有预测认为，2030年，中国自动驾驶新车渗透率将超20%；更多国土将成为国家公园，那里的人们将吃上"生态饭"；全民阅读、全民健身蔚然成风……

最后，弘扬文明观。人类文明多样性是世界的基本特征，也是人类进步的源泉。讲述中国故事，要在坚持文明主体性基础上，做到文明多样性与文明共通性的统一。"文明优劣论""文明冲突论"不是文明的宿命和主调。历史不会终结于西方文明。中国坚持平等、互鉴、对话、包容的文明观，尊重世界文明的多样性，以文明交流超越文明隔阂，以文明互鉴超越文明冲突，以文明包容超越文明优越。当今世界，美西方一直执迷的文明优越论、文化殖民以及意识形态输出，已经越来越不得人心。

不同文明之间互相尊重、交流互鉴、交融共进是最美好的状态和走向。中华文明的博大气象，就得益于中华文化自古以来开放的姿态、包容的胸怀。张骞出使西域、玄奘西行、鉴真东渡……历史上，中华民族自信而大度地同域外民族交往交流，谱写了"万里驼铃万里波"的浩浩丝路长歌，创造了"万国衣冠会长安"的盛唐气象。世界也从中华文明受益良多。中国的造纸术、指南针、火药、印刷术传入西方，对世界文明发展史产生巨大影响。正如德国哲学家尼采对《道德经》的评价：像一个永不枯竭的井泉，满载宝藏，放下汲桶，唾手可得。

新华社2023年10月播发的视频《一只银壶融合世界三大文明》，讲述的是在深居中国西北内陆的宁夏西海固山村，曾从北周李贤夫妇合葬墓中发掘出一只鎏金银壶，壶身刻着古希腊神话中特洛伊战争的故事，铸造工艺却来自波斯萨珊王朝。一只银壶记录了三大文明通过古丝绸之路深度交融的历史。

文明因交流而多彩，文明因互鉴而丰富。新时代中国，中华文明正以更加博大的胸怀拥抱世界，在交流互鉴中不断开辟新境界。

道、饕餮、门派、刺绣……谈及看过的40多篇中国古风小说，孟加拉国作家亚齐亚一口气说出了很多关键词，"阅读让我更加了解中国历史和中国神话故事中的浪漫主义和英雄情怀。同时，它也给予了我远眺世界的精神力量"。

"16岁时，我的父亲去世了，家里丧失了经济来源，是中国文学作品中坚强自立的女性主角们陪我走过最艰难的时光。"亚齐亚说，这也是她将"勇士"作为笔名的缘由。

如今，亚齐亚的一篇热门小说已被中国公司签约，可观的报酬将支撑她明年去往美国读书深造。

这是新华社记者马欣然、毛振华、宋瑞2024年1月采写的《传统与现代交织：2023年中国文化增亮世界》中讲述的一个小故事。报道描绘了中外文化交流互鉴的生动图景：

当代中国与世界研究院 2022 年开展的"中国国家形象全球民意调查"显示，海外民众对中国文化形象评价达 7.3 分，文化成为海外民众最希望通过中国媒体了解中国的领域之一。

回望 2023 年，《长安三万里》《封神第一部：朝歌风云》等传统文化题材电影在新西兰、澳大利亚热映，将民族文化和足球运动结合的"村超"直播"出圈"海外……中国文化在全球范围的"能见度""接受度"不断提升，为各国民众打开了一扇了解中国、体验中国的窗口。

一些热爱中华传统文化的年轻人，在巴黎、纽约街头举办快闪，秀出戏腔、琵琶、古筝等拿手绝活；身着马面裙、苗服等传统服饰的中国留学生频频亮相毕业典礼现场……青年，成为中华优秀传统文化海外传播中一支不可忽视的力量，他们用创新的方式展现古老文化的魅力。

这些展现和体现中国文明观的故事，蕴含着美美与共、沟通心灵的感染力和说服力。

以上提到的"五个站位"有机统一，只有牢牢坚持，我们讲中国故事才会有"登高望远"的视野、"不畏浮云遮望眼"的洞见；我们讲出来的故事，才能有魂有神，让海外受众产生"别有洞天"的体验、"豁然开朗"的感悟、"何以中国"的认知。

二、深 度

意义是故事的本质。故事有深度,就是要有意义、有深意、有新意。要掌握科学的世界观和方法论;要把握国家外宣战略的方向,聚焦外宣重点;要有对故事刨根问底的采访挖掘;要有由此及彼、由表及里、去粗取精、去伪存真的深入研究;要有层层递进、逻辑清晰的呈现表达。

(一)聚焦"重磅故事"

要特别在有对外针对性的"大选题"上用心、发力。习近平总书记强调,主动宣介新时代中国特色社会主义思想,主动讲好中国共产党治国理政的故事、中国人民奋斗圆梦的故事、中国坚持和平发展合作共赢的故事,让世界更好了解中国。他还要求,讲好中华优秀传统文化的故事。我们只有讲好这些"重磅故事",中国故事才能形象鲜明、主旨突出、主线清晰、精彩纷呈。

1.讲好中国共产党治国理政的故事。读懂今天的中国,必须读懂中国共产党。要通过讲好中国共产党的故事,让国际社会了解、理解中国共产党如何领导中国人民从站起来、富起来到强起来,深刻改变了中华民族发展的方向和进程,深刻改变了中国人民和中华民族的前途命运,深刻改变了世界发展的趋势和格局。

讲好新时代中国共产党治国理政的故事,重中之重是讲好习近平总书记的故事。

习近平总书记是党中央的核心、全党的核心,世界瞩目的大党大国领袖。习近平新时代中国特色社会主义思想,是世界读懂新时代中国的"金钥匙"。

无论是理论研究,还是现实世界,一个得到普遍认同的观点是:国家、政党领导人是国家、政党形象及其特质的重要代表,是受众对他们代表的国家、政党的"第一认知"。每个国家都非常注重讲好自己领导人的故事。像罗斯福新政、里根经济学、撒切尔主义、拜登经济学等,都是美、英对其领导人精心打造的标识和形象。

中国共产党成立100多年来,国际社会通过对毛泽东的了解,直观而有深度地感知、认识了中国共产党及其领导的中国革命和新中国社会主义建设;通过对邓小平的了解,直观而有深度地感知、认识了中国共产党及其领导的改革开放和中国特色社会主义;通过对习近平的了解,必会直观而有深度地读懂中国共产党和新时代的中国。

新华社近年每年都在重大节点,推出习近平总书记对外人物特稿,对习近平总书记的思想、担当、情怀、形象等进行全面展示和阐释,备受海外关注。

党的二十届一中全会胜利闭幕之际,新华社播发长篇对外特稿《新征程领路人习近平》。特稿写作专班在新华社领导指导下,反复研读习近平总书记各方面重要讲话、重要论述,赴习近平总书记曾经工作或考察过的地方,深入调研党的创新理论在中华大地落地生根、开花结果的生动实践。稿件由"从黄土地一路走来""把中国带向强盛""化危为机、铁骨柔情""让世界更加紧密相连""开拓人类文明新形态"等5部分组成,系统回答了"习近平是一位什么样的领袖""他是如何引领中国取得历史性成就、实现历史性变革的""他将怎样继续领航中国新征程"等国际社会关心的问题。稿件以习近平总书记系列重要思想统领全篇,深入采访、精心选择40多个感人的故事,立体、鲜活地展现了习近平总书记的思想情怀风范和新时代巨变。如"从黄土地一路走来"部分写道：

> "8年多过去了，总书记那一声'大姐'，叫到我心里了，一想起来就觉得非常温暖。"石拔三回忆说。2013年11月，习近平沿着狭窄山路来到湖南湘西十八洞村，走入村民石拔三家。石拔三不识字，没看过电视，不认识党的总书记。她问："怎么称呼您？"习近平拉着她的手说："我是人民的勤务员。"得知石拔三64岁了，习近平说："您是大姐。"

> 2021年10月，山东东营黄河入海口。习近平走进大田，俯身摘下一个豆荚，一撮一捻，察看成色，将一颗大豆放进嘴里，细细咀嚼："豆子长得很好。"一旁的农技负责人感叹："这是老农民才有的动作呀。"

> 10年里，习近平约100次到基层考察，每次都会来到群众中，拉家常，问冷暖。他在胡同给快递员拜年，在工地同农民工交谈，在出租车公司与"的哥""的姐"探讨年节打车难的解决之道，在清洁站称赞环卫工人是城市的"美容师"……这些言谈举止流露出这位从黄土地一路走来的党的总书记对人民的赤子深情。

> 男儿有泪不轻弹，习近平却为人民流泪。1966年，初中老师在课堂上朗读《县委书记的榜样——焦裕禄》，习近平听得泪流满面。"我后来无论是上山下乡、上大学、参军入伍，还是做领导工作，焦裕禄同志的形象一直在我心中。"习近平说。他还曾回忆："当年告别梁家河村的那一刻，是插队最难忘的一件事，那一次是当众哭了。"2015年，习近平又回到梁家河村，带着自己出钱采办的"年货"给乡亲们拜年。

> 与民众同甘共苦使习近平巩固深化了入党时的理想信念。他将之概括为：为人民谋幸福、为民族谋复兴。10年里，他发起5次党内

集中学习教育,要求党员"不忘初心、牢记使命"。

习近平年幼时,母亲齐心就给他讲岳飞"精忠报国"的故事。"'精忠报国'4 个字,我从那个时候一直记到现在,它也是我一生追求的目标。"他说。

习近平深谙百年前中国的苦难,形容那时是"一派衰败凋零的景象"。2018 年,他在山东刘公岛考察时登上炮台遗址,面对黄海沉思良久。在甲午战争博物馆,他完整念诵闻一多的《七子之歌·威海卫》。这座不足 4 平方公里的小岛见证了一个多世纪前号称"远东第一"的清朝北洋海军覆灭,战败让清政府被迫割让台湾并赔偿巨款给日本。

习近平是首位在新中国出生的中共中央总书记,他感受了共和国"站起来"的骄傲——抗美援朝胜利,建立比较完整工业体系,造出"两弹一星"……他盛赞这些成就,说"只有社会主义才能救中国,只有社会主义才能发展中国"。

……

习近平任总书记 10 年间,人民财富不断增长。2021 年,中国居民人均可支配收入 35128 元,比 2012 年增长近八成。城乡居民收入比缩小至 2.5∶1。

用习近平的话讲,所做的一切是"利民为本"。他在自述文章《我是黄土地的儿子》中写道:"像爱自己的父母那样爱老百姓,为老百姓谋利益,带着老百姓奔好日子。"2012 年,他担任总书记后说:"人民对美好生活的向往,就是我们的奋斗目标。"在中共二十届一中全会上当选总书记后,他说,"人民永远是我们最坚实的依托、最强大的底气","我们要始终与人民风雨同舟、与人民心心相印"。

稿件播发后在海外引起强烈反响,被美国彭博社、英国《经济学人》网站、澳大利亚《先驱太阳报》、法国《舆论报》网站等数千家媒体采用,海外社交媒体浏览量超过5000万,网友跟帖积极热烈。

讲好习近平总书记的故事,应以回答时代之问、人民之问、世界之问为切入点,以普遍问题与中国方案、共同价值与中国特色为结合点,以情节、细节见长,以思想、理念制胜,思想和故事有机融合,话风平实、朴实,叙事务实、切实,让海外受众真切地感受感知习近平总书记的情怀、形象和境界,使习近平总书记的故事成为海外受众读懂中国的形象高地、"思想之窗"。

新华社2024年2月播发的《习近平词典 | 以人民为中心》《新华社记者说 | 习近平与人民在一起的春节温暖瞬间》两个融合产品,基本上是同一主题。前者是解读习近平总书记提出的以人民为中心的发展思想。主持人解说道:民为邦本是中国传统文化的重要理念。中国共产党的初心和使命,就是为中国人民谋幸福、为中华民族谋复兴。全心全意为人民服务是中国共产党这个百年大党的根本宗旨。从村支书到党和国家最高领导人,习近平一直把"要为人民做实事"作为自己的人生目标。2015年10月,中共十八届五中全会上,他明确提出"必须坚持以人民为中心的发展思想"。视频中有机穿插故事,以事明理。如他淋着雨同工人交谈,到农民家看谷仓、灶房;他记挂老人,去敬老院不忘查看每日食谱;他关心学生,告诉他们"要扣好人生的第一粒扣子"等。同时,主持人还特别分享了一些记录经典瞬间的照片。如2022年初,习近平总书记冒着风雪严寒,到山西看望受灾群众;2019年在重庆考察期间,他踏着湿滑而陡峭的石阶,到大山深处的村民家中了解脱贫情况;在北京,他走进老百姓家中,和大家一起包饺子、贴窗花,共话新春。视频在把鲜活的思想讲鲜活上下了功夫。

《新华社记者说 | 习近平与人民在一起的春节温暖瞬间》,由美籍记者李柯和"网红"记者商洋前往习近平总书记刚刚在天津考察过的古文化街,回顾12年来习近平总书记春节前夕考察时看望慰问群众的温暖瞬间。视频加入

两位记者的现场体验,通过观看"泥人张"作品、糖画制作和体验杨柳青年画制作,分别引出习近平总书记历次考察关心传统文化传承发展、与老百姓一起制作传统美食以及体验民俗等故事和场景,生动展示习近平总书记心系百姓、情牵万家的人民情怀。融合报道被英国《经济学人》、英国《独立报》、英国《镜报》、《今日美国》等众多西方主流媒体网站转发。

扫码看新华社客户端《新华社记者说丨习近平与人民在一起的春节温暖瞬间》

中国共产党领导是中国特色社会主义的最本质特征,是中国特色社会主义制度的最大优势,也是社会主义现代化的根本保障。要守正创新、坚持不懈地向海外讲清楚中国共产党"是什么、要干什么";讲清楚中国共产党为什么能够成功、将怎样继续成功;讲清楚中国共产党 100 多年奋斗对中国、对世界的历史意义,讲清楚中国共产党的 10 条历史经验,即坚持党的领导,坚持人民至上,坚持理论创新,坚持独立自主,坚持中国道路,坚持胸怀天下,坚持开拓创新,坚持敢于斗争,坚持统一战线,坚持自我革命;讲清楚新时代中国共产党以中国式现代化全面推进强国建设、民族复兴伟业,推动构建人类命运共同体的新目标、新奋斗;讲清楚中国共产党与美西方政党的根本不同。

2021 年,新华社组织建党百年报道,按照以上思路,策划推出"中共为什么能""中共精神""对话青年一代党员""告诉你一个真实的中国共产党""外国人眼中的全面小康""百姓眼中的中国共产党"等系列报道,采写播发一批佳品力作,引起海外众多主流媒体和受众关注,有效影响了国际舆论。如新华社记者李来房、姚远、娄琛等采写的《特稿:"百年来最成功的政党"——国际友人与中共的故事》,以国际友人讲故事的方式让海外受众感知、了解一个真实的中国共产党。记者梳理了埃德加·斯诺、汉斯·米勒、爱泼斯坦、马海德等与党的领导人和普通党员交往的故事;同时,挖掘来自美国、法国、英国、澳大利亚等美西方国家对华友好人士的生动故事,将不同时代、不同国籍的外国友人看待中国共产党的视角串联起来,将历史与现实有机融合,生动而厚重地展现出党的性质和形象。稿件标题直接引用英国学者马丁·雅克的分析结论:中国共产党无疑是100年来最成功的政党。"理想的力量'难以置信'""始终心系人民、服务人民""有事跟群众商量""应该走中国选择的合作道路",架构全篇的这4个小标题,也都来自爱泼斯坦等国际友人的切身感受和中肯评价。如"理想的力量'难以置信'"部分写道:

中国共产党人究竟是什么样的人?

1936年,美国作家埃德加·斯诺带着问题,前往陕北苏区找寻答案。在简陋的窑洞里,毛泽东和斯诺多次深夜长谈。4个月里,斯诺还采访了彭德怀、徐海东等中共高级干部及普通战士,体验红军生活,对中共忠于信仰深有感触。

在《红星照耀中国》中,斯诺感叹共产党人忠于信仰的坚定性,理想目标给他们"难以置信"的力量。

曾到陕北考察的美国医生马海德,被红军战士舍生忘死、患难与共的精神所震撼,决定留下并加入中共,成为第一位被特批加入中共的西方人。"一个人要想作出自己的贡献,必须要有一个牢固的精神支柱。"晚年的马海德这样说。

100年来,中共坚守初心和理想,领导人民迎来从站起来、富起来到强起来的伟大飞跃,创造了世所罕见的经济快速发展和社会长期稳定两大奇迹。

英国学者马丁·雅克日前撰文称,中国共产党无疑是100年来最成功的政党。

许多在华工作生活的外国人,与不同行业的中共党员打过交道之后,刷新了对中共的认知。

法国厨师广坦在上海经营一家餐饮公司。他认为,西方许多人对共产主义的刻板观念仍停留在冷战时代,但他们根本不了解。他观察到,当国家和人民需要时,中共党员都往前线冲,那是"一种战斗精神"。

在中国已 15 年的广坦说,评价政党最实际的指标是人民生活质量的提高。在共产党领导下,中国一代人比一代人生活得好。

日中科学技术文化中心事务局局长中岛俊辅长期从事日中交流事业。"中国共产党为国家未来竭尽全力地思索、行动。"他接受媒体采访时说。

党员是党的肌体细胞,是党的战斗力的基础。讲好中国共产党的故事,就要用心讲好党员坚定理想信念、履职尽责、发挥先锋模范作用的故事。通过众多普通党员的故事,生动鲜活地展示中国共产党形象。新华社记者吕秋平、王烁等 2021 年 5 月采写的《101 岁眼科医生的奉献人生》,讲述的就是一名党员的故事,可亲可敬:

在位于中国中部河南省郑州市的一家医院里,101 岁的眼科医生张效房正仔细查阅一名患者的病例、研究病情;门诊室外,排队候诊的患者熙熙攘攘。

张效房是一位著名的眼科医生,就职于郑州大学第一附属医院。只要身体情况允许,他每周二都会到医院坐诊。

慕名而来的患者常常挤满候诊厅。坐诊期间,他连喝口水都顾不上。

"病人大老远赶来,我给人家解决不好,对不起病人。"这位百岁老人说。

张效房是中国眼内异物研究的奠基人和眼外伤专业的学术带头人。他于 1980 年加入中国共产党。

今年是中国共产党成立 100 周年。过去一个世纪,张效房见证并参与了中国医疗事业的发展。

稿件特别写到张效房作为一名党员的心路历程和事业追求:

张先后向党组织递交了 17 次入党申请书。1980 年，他正式成为一名党员。

"我们这一代人经历过战争年代，更加明白没有富强的国家、没有党，人民过不上好日子。"他说。

入党以后，张感觉自己对病人有了更多的责任。他看一个病人平均要 40 分钟，病因、治疗方式、日常注意事项等，他都一一跟患者讲得很详细。

"张医生给人看病特别细致，医德也好，耐心。你问他，他也不烦。"一名慕名而来的汪姓患者说。

这样的故事有利于海外受众形成对中国共产党具体、正确的认知。

2. 讲好中国人民奋斗圆梦的故事。人民是中国故事的主角。14 亿多中国人民在中国共产党领导下接力奋斗，通过辛勤劳动，追求和创造幸福生活、实现人生价值。这是中国故事的精彩篇章，最能展现中国发展进步的大潮与大势、"万家灯火"的温暖与力量。

新华社记者程露、邵美琦、白旭 2024 年 2 月采写的《网红木耳、机器人、咖啡馆：中国乡村振兴新图景》，讲述正在广袤田野里上演的新时代乡村故事，记录了中国农民的新奋斗、新生活。如"从落后村到'网红村'"部分写道：

"家人们，感谢下单，下次再见！"满河村党支部书记兼村委会主任杨光结束 2 小时的直播，卖了 600 多单木耳，获利上万元。

几年前，这个位于吉林省汪清县的移民村，耕地少，发展缓慢，相对落后。近年来，当地人利用适宜的气候、水资源和原材料优势，种起黑木耳，村庄重获生机。

如今，满河村探索木耳深加工和电商销售，开设几十家淘宝店。村里正建设菌包加工厂和包装车间，更多村民回到家乡。

村民韩铁龙说："以前外出打工只能勉强养活自己，现在在家门口一年就能赚十几万。"曾在工厂做流水线工人的他，有了自己的木耳基地。

山东的牡丹、赣南的茶油、江苏的草莓、新疆的苹果、宁夏的葡萄酒等，正让中国农民走上致富路。2023年农村居民人均可支配收入为21691元，城乡居民收入比进一步缩小。

稿件中"新农人"变身"兴农人"的故事同样让人耳目一新：

王金悦大学毕业后在上海一家互联网企业工作。7年前，当这名"85后"辞职回到农村老家研究种地时，父母和朋友都难以理解："好不容易进了城，为啥又回来？"

中国有几千年的农耕文明。从曲辕犁到都江堰，再到杂交水稻——中国人始终致力于用科技赋能古老的农业。小时候干过农活的王金悦深知务农艰辛，心底埋下了科技改变农业的种子。

如今，在他工作的上海亭林镇点甜农场，5G、图像识别和大数据技术支持下的智能机器人让农民高效、省力地务农。

2023年，中国粮食生产再创历史新高，实现"二十连丰"，坚决守住18亿亩耕地红线，探索将盐碱地变良田。

中国鼓励像王金悦这样的人才投身乡村振兴，到2025年，将培育100万名农村创业带头人，返乡入乡创业人员1500万人。

有着乡贤文化的中国，"新乡贤"正引领乡村巨变：在重庆，"乡村CEO"善管理、懂经营，推动产业发展；在宁夏，"法律明白人"让矛盾调解更"接地气"，为乡村振兴提供人才和法治保障。传统农村在知识和科技赋能下正迎来新格局。

向世界展现真实、立体、全面的中国，基础是真实、立体、全面地展现中国人民自信自强、开放包容的形象，对过上好日子的不懈追求奋斗，他们日常工作生活中的喜乐忧盼等。要把宏大叙事与个体叙事有机结合，以鲜明的个人形象、鲜活的个体故事，讲好讲活中国人民的故事。

新华社记者郑博非、庞明广、周磊等2022年3月采写的人物特写《单腿运动员借冰雪运动"滑"出逆境》,记录了一个残疾人的人生"奇遇"与奇迹,生动地说明每个人的命运都与国家、民族的命运紧密相连:

直到 6 年前,岩巩还从未见过雪,但现在他将参加周五晚上开幕的北京 2022 年冬季残奥会。

这名 24 岁的中国残奥高山滑雪运动员的人生旅程并不轻松。17 岁时,岩巩驾驶的三轮车意外翻倒,导致右腿膝盖以下部分残疾。

岩巩出生在中国西南部云南省普洱市的一个贫困家庭。2015 年,在他亚热带的家乡,约 32% 的人仍然生活在赤贫之中。当时,岩巩一家四口只能住在一间竹篱房里。

岩巩的母亲在他 8 岁的时候就去世了。而在他截肢的一年后,岩巩的父亲因胃出血突然离世。

"那时候,我经历了太多生活的磨难,只想放弃生命。"岩巩说,"2015 年截肢后,我只能待在家里,什么都做不了。"

他的父亲去世后不久,岩巩和妹妹面临的困境引起了当地驻村扶贫干部的注意。岩巩也努力让自己振作起来,重新开始了他最喜欢的爱好——打篮球。

在双方的共同努力下,2016 年,岩巩被省会昆明的一所特殊教育职业学院录取。这所学校面向残疾人提供免费教育。

开学几个星期后,这名年轻人就引起了到学校挑选运动员的云南省体育局官员的注意。在多次选拔之后,他成为一名高山滑雪选手。这让他大吃一惊。

"当我第一次在沈阳看到雪的时候,我特别开心,开心得不得了!因为我家乡冬天气候非常温暖,没有雪。"岩巩回忆道。

然而,岩巩很快就被高强度的高山滑雪训练征服了。这项运动即便对健全人来说都是十分有挑战的项目。"当我第一次在雪地上滑雪的时候,我甚至不能保持平衡,扭伤了膝盖。大回转动作是最难的,很难绕过障碍。"

尽管困难重重,他还是克服了恐惧,逐渐找到了避免摔跤的方法。

如今,岩巩在国内外多项比赛中都取得了不错的成绩,甚至还在全国残疾人高山滑雪锦标赛上获得一枚金牌。

"通过滑雪,我也有了收入和补助,能供我妹妹继续上学。"岩巩说。

岩巩非常感谢这些年来给予他帮助的扶贫干部、学校老师和教练。"我也想对自己说'做得好',因为我没有放弃人生,而是变得更加勇敢和自信了。"

"我将在 2022 年冬季残奥会上全力以赴。做最好的自己,就是最大的胜利。"岩巩说。

这样的报道有很多。《孔子故乡的"时光守护者"》《中国反贫困斗士群像》《雅鲁藏布江畔的酿酒女孩》《援藏女博士让千年核桃树结出新成果》《让莓茶飘香勒布沟的门巴族姑娘》《从创新沃土出发——创业者在江苏科学人文小镇绽放能量》《"东方踢踏舞"阿妹戚托:踏响山区群众美好生活节拍》……一个个鲜活的故事铺展开的人生写意、时代画卷,可以让海外受众具体而切实地感受到人民的力量、民族的活力、国家的气象。

3. 讲好中华优秀传统文化的故事。文化是一个国家、一个民族的灵魂和标识。文化关乎国本、国运。要坚守中华文化立场,讲好中华优秀传统文化这个"根脉"故事,讲好马克思主义基本原理同中华优秀传统文化相结合这个"魂脉"故事,全面展示中华文化的精髓和魅力,生动揭示新时代"中国之治"的"文化密码"和巨大成就,让国际社会更好读懂"何为中国"、理解"何以中国"。

2023 年,新华社围绕二十四节气主题推出系列报道。记者刘劼作为主持人的报道团队以优美的古诗词和生动形象的谚语,描述不同节气的气候特点、传统习俗和贯穿其中的哲学智慧,既展现中国古老哲学"天人合一"的思想,又凸显不同节气独特的文化象征，有力彰显中华优秀传统文化的独特魅力。如《中国热词：小暑里的清静与自在》以古典文化园林、团扇、纱质衣物、古筝等中国特色元素，讲述小暑时节人们防暑避暑的习俗与文化，"品一盏清茶，听一缕古筝琴声"，体现了中国文化精神中人们悠然自居、从容淡定的生活美学。《中国热词：芒种里的充实与喜悦》中对"种瓜得瓜、种豆得豆"谚语背后"一分耕耘一分收获"的解读、对"人生的好状态是'忙'而不是'茫'"的阐释，不仅点明了对农业的意义，对人生也很有启发。《中国热词：立秋里的成熟与期盼》中"山僧不解数甲子，一叶落知天下秋"，描绘出古人通过"一叶知秋"对于节气的把握，文字、画面呼应读者内心感触，勾勒出中华优秀传统文化博大精深的画卷。系列报道引发海内外受众的热议。网友 Dennis

扫码看新华社客户端《中国热词：小暑里的清静与自在》

Wong 赞叹道："感谢你们分享了如此富有智慧又蕴含诗意的季节变化。"网友、印度记者扎卡里亚评论："中国人如何应对极端温度的精彩见解！从美味的解暑食物，如多汁的西瓜，到古老智慧的三伏贴，见证了适应的艺术。发现更多关于这些有趣的传统！"

新时代中国，文化已成为党治国理政、国家发展进步、人民幸福安康的鲜明底色、强大动力、突出亮点。文化如水，浸润神州，滋养众生，引领发展。讲述中华文化故事，就要鲜明展现出这一时代特色、文明气象。

新华社记者宋瑞 2023 年 8 月采写的《中国故事｜海河，"津门古渡"的"活力秀带"》，讲述的是天津海河及其两岸的历史变迁故事，流溢着迷人的文化魅力：

> 海河，天津的母亲河。从旧时"晓日三叉口，连檣集万艘"的漕运盛景，到如今氤氲着商文旅气质的"活力秀带"，穿城而过、奔流注海的海河，一直记录着 600 多年"津门古渡"的发展脉搏。
>
> 华灯初上，沽水流霞。"上新"不久的"网红"餐饮游船缓缓驶离

码头。"吃着美食观赏美景,沉浸式感受海河两岸的灯光璀璨,是一种别样体验。"来自湖北的游客贾女士说。

"海河餐饮船是今年新推出的主题游船。暑假期间,游客乘船需求旺盛,我们及时根据游客量增加运营班次,几乎场场爆满。"天津津旅海河游船股份有限公司市场营销部宋琳说。

海河"动"起来,两岸也跟着"活"起来。从意风区码头走下游船,不远处的意式风情区热闹非凡。游客们坐在户外,品尝着异域风味的美酒佳肴。

百年前,蜿蜒流淌的海河是天津标志性的"经济命脉"。两岸林立的工厂、烟囱、码头、货站,助推近代天津工业发展和北方最大工商业城市形成。

进入新世纪,天津启动海河两岸综合开发改造工程,城市工业战略东移、老企业搬迁改造。诸多老厂房摇身一变,成为文化创意产业园区、消费商圈、设计小镇,焕发出新的活力。

海河东岸有一片独特的建筑群,红棕色的仿古建筑与现代感的精致店铺相得益彰,这里便是天津棉3创意街区。

街区充分利用老厂房原有的空间格局,采用新与旧、古朴与现代、传承与创新相结合的表现手法,构建了一个既延续工业遗产历史肌理,又体现时尚街区活力的创意产业集群。

从入驻的创意书房、咖啡馆、艺术场馆,到常态化举办的"步棉夜巷"市集、户外音乐会等各类文化艺术活动……棉3创意街区自开街以来就导入"艺术+文化""时尚+科技"的产业集群理念,已吸引创意类企业130余家,覆盖创意设计、艺术展示等多个领域。

"有历史、有文化、有故事、有场景的'棉3'IP,正成为海河沿岸'新消费走廊'的重要驿站和城市文化创意产业新引擎。"天津棉三创意企业管理服务有限公司负责人陈强说。

近年来，天津遵循"先保护再利用"原则，将海河沿岸斑驳的"锈带"活化为"秀带"，成为一道独特景观。

联合国关于可持续发展的议程高度强调文化对可持续发展的作用，指出所有文化和文明都可以为可持续发展作出贡献，并且是可持续发展的关键推动因素。这在中国已成为实实在在的发展实践、不断精彩演绎的文化故事。让经济融入人文，让人文浸润经济。新时代人文经济学的壮阔实践，已成为新时代中国经济发展的鲜明特征。如新华社记者程云杰、路一凡、朱涵等2023年8月采写的《中国聚焦 | "孙悟空""葫芦娃"与"黑猫警长"点亮中国东部乡村》，向海外受众呈现了这方面的一个生动范例：

陈喆清楚地记得他童年的一个场景。在寒暑假期间，他会搬一张小板凳，坐在电视机前，急切地等待卡通片开播。

"那是回忆中童年最快乐的时光。"36岁的陈喆说。他来自浙江省湖州市安吉县。

他从来没想过有一天他可以回乡创业，创办一家融合上海美术电影制片厂经典卡通形象的咖啡馆。

"美在余村"是今年3月在浙江省湖州市安吉县天荒坪镇余村开业的咖啡馆，陈喆是主理人。

"这些卡通是由上海美术电影制片厂提供的，全是这家制片厂经典动画片中的形象，这可能是它们第一次来到乡村咖啡馆。"陈喆说。

在这家面积100平方米的咖啡馆里，除了孙悟空、葫芦娃、黑猫警长，还有天书奇谭、九色鹿、舒克贝塔等上百种上美影的周边产品。

"趁着周末带孩子来看一下，也回顾一下我们的童年。"游客郑贤锋说。

多年来，余村坚持绿色发展，并已转变为一个受欢迎的旅游目的地，拥有如画的乡村风景。然而，美丽的风景来之不易。

在 36 岁的余村村民葛军的记忆里,他从小成长的余村并不是现在这般山清水秀的模样。"美在余村"国漫咖啡馆的所在地曾经是一片水泥厂。"小时候,村里有矿山、水泥厂。父亲就在村里的石灰窑当矿工,总是一身尘土。村子也常年笼罩在烟尘中。"葛军说。

随着浙江在全省启动"千村示范、万村整治"工程,推动事关千万农民的农村人居环境建设,余村停掉了矿山,关掉了水泥厂。

当地环境的改善,吸引大量游客涌入余村。

2021 年,余村被联合国世界旅游组织评选为最佳旅游乡村。

2022 年,余村推出"全球合伙人"计划,希望这里的良好生态环境能吸引年轻人带着"奇思妙想"投入新农村建设。50 余个"全球合伙人"项目落地,陈喆的"美在余村"咖啡馆就是其中之一。

陈喆在上海工作时经营一家品牌孵化公司,为上海美术电影制片厂的经典国漫卡通形象打造线下空间。

"随着来村子旅游的人增多,我觉得有必要开设一家咖啡馆。'全球合伙人'项目激发了我的灵感,我想让咖啡、国漫卡通形象也可以走进美丽的绿水青山,为乡村增添色彩和活力。"陈喆说。

"出于对国产动漫的热爱,大家容易建立情感联结,会想到自己最纯真、最纯粹地享受动画的时光,在这里找到快乐。"他说。

截至目前,"全球合伙人"计划已有 1100 多名大学生参与其中,吸引 192 名年轻人返乡。文化创意、乡村美学、研学教育、零碳科技等业态蓬勃兴起。

2022 年,余村村集体经济收入达到 1300 万元。预计今年,余村村集体收入将达到 1500 万元。

文化故事在激发海外受众共情共鸣、促进中外心灵契合方面,具有不可替代的作用。中华文化底蕴深厚、博大精深、守正创新。我们拥有独特优势和巨大发挥空间。

在中国—中亚峰会2023年于西安举行之际，新华社推出视频《新华社记者说｜"洋记者"古都西安一日行遇见哪些惊喜？》。视频聚焦峰会举办地千年古都西安的文化自信，通过记者李柯、商洋在晨、午、晚三个时间节点打卡大明宫、小雁塔、大雁塔三处世界文化遗产，与文物保护工作者、来自英国的"文化使者"和"90后网红"创意文艺表演者对话，文化历史和人物故事娓娓道来。视频中采访到的英国人罗宾·吉尔班克是西北大学副教授，已在西安生活十几年。他说："在西安，你永远都不会觉得无聊。这里能让人一直都有新发现。不只是著名的旅游景点，西安的大街小巷也是充满活力。"他与中国同事一起将30多部中国小说翻译成英文。罗宾·吉尔班克感慨这项工作让他获益匪浅："这是我的文化探索之旅的进一步行动。我了解到了中国传统、地方方言和人民归属感的重要性。陕西人对他们的历史遗产、文化和根脉感到无比自豪。我很钦佩中国人睦邻友好的优良传统。这种意识在很多西方国家都没有了。中国人还拥有真挚的民族自豪感。中国人注重团结，而非分歧。我认为这很值得我们西方人学习。"众多海外网友对视频转、评、赞。

4. 讲好中国和平发展合作共赢的故事。中国共产党是为人民谋幸福、为民族谋复兴的党，也是为人类谋进步、为世界谋大同的党。和平发展合作共赢是当今时代的主题。中国正以高质量发展全面推进中国式现代化，引领14亿多中国人民整体迈入现代化。这是人类史上的罕见壮举，为世界提供了合作共赢的阔大舞台和源源不断的发展动力。中国致力于推动建设一个持久和平的世界、一个普遍安全的世界、一个共同繁荣的世界、一个开放包容的世界、一个清洁美丽的世界。这些方面海外都高度关注，也是中国故事的富矿。讲好中国和平发展合作共赢的故事，可以有效展现中国的走向与胸襟、民族的品格与情怀，以及"世界好，中国才会好；中国好，世界会更好"的"世界观"。

中国国际进口博览会，是中国向世界提供的重要公共产品，是迄今为止世界上第一个以进口为主题的国家级展会，是国际贸易发展史上的一大创举，旨在让中国市场成为世界的市场、共享的市场、大家的市场，为国际社会注入更多正能量,充分体现了中国反对单边主义和保护主义、推进高水平对外开放的坚定承诺和坚实行动。2023 年第六届进博会是新冠疫情后首次全面恢复线下举办,新华社对外报道聚焦主题主线,加强议题设置,突出融合创新,深入现场采访,全景立体展示进博会的盛况和成果。

如新华社记者吴梦、周蕊、方喆等采写的《秘鲁"小羊驼"勇闯中国大市场》文字稿件及拍摄的视频,就生动展现了进博会的全球吸引力:

身着印第安人传统民族服饰,秘鲁手工艺人奥斯瓦尔多·马马尼用自制的工具将羊驼玩偶的皮毛梳理得柔顺蓬松。一旁的妻子格洛丽亚为玩偶缝制表情,寥寥几针便勾勒出一抹传神的"微笑"。

第六届进博会上,马马尼夫妇现场制作的"小羊驼",引来众多顾客驻足拍照、问询购买、洽谈合作。"对于我们这样的小手艺人来说,从没想过有一天真的能来到中国,还是参加世界级的博览会。"

马马尼的家乡阿曼达尼岛位于的的喀喀湖,海拔约 3800 米。此次赶赴进博会,夫妇俩先从家乡乘车到首都利马,再经历 35 小时飞行抵达上海,全程历时 3 天。

"羊驼是秘鲁的标志,更是我们的'家庭成员'。"马马尼说。

秘鲁是世界上羊驼数量最多的国家,也是羊驼毛纺织品的最大生产国,保暖、柔软、耐用的羊驼毛制品受到世界青睐。

稿件随后讲述马马尼与进博会结缘的故事:

2016 年,一名中国顾客来到马马尼的小店选购了两只羊驼玩偶,就是这两只玩偶将他们的命运与地球另一端的东方大国联系在一起。"那时,我们还不知道她会成为我们重要的合作伙伴,给我们的生活带来翻天覆地的改变。"

当时,从事外贸行业的马玉霞来到秘鲁考察羊驼毛产业,临走时购买了一批羊驼玩偶送给国内客户,并意外获得回购 1000 只的订单。寻找生产者时,马玉霞就想到了马马尼,因为他制作的两只小羊驼玩偶质量好、颜值高。

"得知要做 1000 只小羊驼玩偶，我大吃一惊。那时，50 只、100 只已经是我们接到的最大订单。"马马尼发动兄弟姐妹一起制作，总算是如期交付产品。

这批造型可爱的羊驼玩偶初次试水中国市场就迎来畅销。嗅到商机，马玉霞和几位秘鲁合伙人由此创立品牌"温暖驼"，并开启了与马马尼一家的长期合作。

今年是"温暖驼"连续亮相进博会的第 6 年，展台面积从第一届报名时的 9 平方米扩大到 36 平方米，产品增加到 200 多个种类，合作的客户遍布全国 20 余个城市，还将直营门店开到上海来福士广场。

"一经接触中国市场，我们的业务就再也没停歇过。"马马尼形容现在的生活"忙碌且幸福"。

从第一届进博会开始，来自"温暖驼"的订单数量逐年增长。马马尼家族中的 12 个家庭都加入了玩偶制作，他们的工坊每年为"温暖驼"制作 2 万至 2.5 万件产品，造型也从羊驼拓展到熊猫、企鹅、兔子等几十个品类。

精彩纷呈的进博会故事，展现出八面来风、海纳百川的气象。新华社记者陈瑶、王秀琼、周蕊等采写的《六个维度观"进博"》，从"首发效应"、科创"新"风、"绿色进博"、中国元素、美美与共、交流互鉴等 6 个方面，反映进博会的成功：从首届的 578.3 亿美元，到第六届的 784.1 亿美元，进博会越办越大，不断将扩大开放、合作共赢的"东方之约"变为现实；并且，其不仅是贸易展会，也成为观点交流和文明互鉴的大舞台。《"奔中国来，向发展去！"——美国最大参展团来华参加进博会》《美国企业眼中的"进博效应"和"中国机遇"》等，通过广泛采访美国展商和商会人士，有力说明美国一些政客搞所谓"小院高墙"如何不切实际、违背经济规律和发展大势。《进博会上的"三剑客"》以鲜活故事对进博会的"头回客""回头客"和"常驻客"进行白描式呈现,彰显中国开放的大市场为世界经济注入确定性。

随着中国与世界的深度融合,国际社会高度关注中国的发展方向、政策、举措、行动等给世界和相关国家带来什么影响,其中当然也不乏误读、误解甚至歪曲抹黑。因此,讲述中国与世界的故事,要针对国际社会关切,及时解疑释惑、澄清谬误。针对美西方一些国家出于自身利益和遏制中国发展目的推行所谓"脱链""去风险",新华社多角度、多层次组织系列报道,讲述中国加强国际合作"固链""强链"、稳定和推动全球经济发展的故事。

如新华社记者郭潇宇、吴琼、彭培根 2023 年 11 月采写的《新华全媒头条 | 产业链韧性凸显"中国制造"全球吸引力》,就颇具说服力:

> 对美国企业 GE 医疗中国总裁张轶昊而言,能在首届中国国际供应链促进博览会上携手公司的 20 余家供应商集体亮相,是件"格外有意义"的事。
>
> "我们的供应商遍布五湖四海,有的来自京津冀、长三角和粤港澳大湾区,有的来自西部内陆省份,这充分体现了中国高端医疗制造业的集聚效应。"张轶昊说。
>
> "通过对医疗科学持续投入,我们迎来发展的黄金时期,产业链创新和高质量发展是我们的努力方向。"他说。
>
> 与张轶昊一道,众多企业界和国际组织人士齐聚首届链博会。他们着眼于中国制造业的显著优势,希望能以展会为契机,持续挖掘"中国制造"的巨大潜力。

稿件从"链"造产业优势、"链"享中国机遇、"链"通全球市场三个方面,展现中国产业链的强大韧性和不可替代性。其中,"'链'享中国机遇"部分写道:

> 与其工业优势相衬的,是中国巨大的市场规模。作为全球最大的市场之一,中国正源源不断地为全球企业创造机遇。

"作为全球最大的电动车市场，中国通过不断开放的政策、先进的发展理念、良好的营商环境，为我们的发展提供了巨大机遇。"特斯拉全球副总裁陶琳说，中国市场具有无可比拟的优势和光明的发展前景，因此投资中国是特斯拉的"必选项"。

目前，特斯拉在上海的"超级工厂"已成为公司的全球出口中心，上海生产的 Model 3 和 Model Y 销往世界各地。

中国政府在本月初宣布，将取消制造业领域对外资的一切限制，并将开展各类投资活动，促进国内外企业的交流合作。

首届链博会上，各国工商界代表达成《全球产业链供应链互联互通北京倡议》。中方表示，将竭力保障全球产业链、供应链稳定畅通，为世界经济增长作出贡献。

北京大学国际经济与贸易系教授王跃生认为，中国通过建设开放型世界经济、优化国际经贸体系，不断推动全球产业链、供应链的开放和发展。

在北美传讯创始人兼 CEO 彭家荣看来，供应链为企业搭建沟通桥梁、推动合作共赢。

"供应链合作，意味着供应商和客户双双受益。因此我认为，凡是以供应链为基础的合作，都将收获共赢的结果。"他说。

（二）开掘思想深度

故事的深度首先体现在主题的思想深度。主题是一座多层次、多层面的建筑。需要把故事跟某种更大的事情和价值联系起来。在某个主题上打开的、让人可以透视这个故事的窗口应多一些。中国自古以来崇尚和践行"文以载道"。我们讲中国故事的初衷和追求，就是要通过引人入胜的故事"引人入道""启人悟道"。

如新华社 2021 年 6 月播发的对外特稿《"老百姓的党"——世纪中共的光荣与信仰》,讲述了一系列能让西方受众共情的故事:3 名女红军战士把仅有的一床被子剪下半条留给老百姓;19 岁的"大辫子"姑娘颜红英划着全家赖以为生的小木船,运送解放军战士渡江作战;曾经只会写自己名字的陶华碧,把几元钱一瓶的"老干妈"辣椒酱卖到全世界;小朋友踮起脚尖,给抗洪战士喂水;八旬老人向抗疫医疗车队深深鞠躬;在红军主力长征出发地江西于都县,农民新居墙面上的农家乐二维码,与 80 多年前红军留下的革命标语遥相呼应;等等。这些故事让海外受众真切感知到中国共产党与人民心心相印、生死相依、命运与共的鱼水关系,生动展现党"人民至上"的价值取向、以人民为中心的发展思想。稿件播发后被美国《新闻周刊》等诸多海外主流媒体采用。

"大故事"要有思想深度,"小故事"同样应有思想深度,让故事小而深、小而美。

新华社记者吕秋平、吴光于、王迪等 2020 年 5 月采写的英文稿件《中国聚焦｜中国"悬崖村"贫困群众迁入现代新居》,讲述的是四川省大凉山彝族村庄阿土列尔村的搬迁故事,古今对比,点面结合,透溢着村民的获得感、幸福感,折射出党和国家对"扶贫路上一个都不能少"庄严承诺的坚定践行,彰显中国的制度优势、治理优势、价值观优势。稿件写道:

> 位于悬崖顶端的阿土列尔村海拔 1700 米。这里土地肥沃,阳光充足。用藤条和木头做的梯子成为通往外界的唯一途径。村民们的祖先早在元朝(1271 至 1368 年)就来这里定居,因为他们发现这里既能躲避战乱,还是理想的农耕之地。
>
> 然而,随着时间的推移,村民们发现曾经保护他们免受战争之苦的"世外桃源"已经开始阻碍他们的发展。
>
> "下山买一包盐,来回要走一上午。"某色达体说,自己不得不降价卖掉自己种的玉米,因为他辛苦背下来的玉米不可能再背回去。
>
> 4 年前,一名中国摄影师拍摄并发布了十几名学生排队爬藤梯

上学的照片，引发公众关注。

随后，当地政府花费 100 万元（约 14.1 万美元）建成一条 2.8 公里长的钢梯，用 6000 多根钢条打造。随后，无人机开始被用来投递邮件，5G 网络覆盖整个村庄。

基础设施的改善吸引了游客到访。去年，该村接待 10 万名游客。村民们靠经营小卖部、为游客提供食宿、出售蜂蜜和橘子等农产品，收入近 100 万元。

稿件随后展示阿土列尔村的第二次跨越：

在最近开展的脱贫验收预评估中，84 户贫困户的人均年收入超过 6000 元，远高于脱贫标准。这意味着，他们将告别"贫困户"的称谓。

尽管收入大幅提高，但交通问题依旧是个"死穴"。村民们发现，搬家才是解决交通问题的唯一办法。

在政府的资助下，某色达体仅花 1 万元就搬进一套三居室公寓，政府提供了大部分家具。他的女儿也有了自己的卧室。

他 17 岁的女儿现在昭觉县城一所中学上学。因为悬崖上没有教育设施，下山的路又太危险，直到孩子 11 岁，父母认为她足够高、足够壮，才放心让她爬藤梯上学。

住在新房子，不仅女儿上学更容易、更安全，某色达体去医院看病也方便多了。他有头痛的老毛病，经常需要去医院治疗。

昭觉县城边的集中安置点，超市、小广场、学校、篮球场等设施一应俱全。当地通过发展农产品加工等产业，解决安置居民的就业问题。

中国最高经济规划机构——国家发展和改革委员会今年 3 月表示，过去 4 年，中国已将 930 万贫困农村人口迁移到更适宜居住的地区，其中 920 万人搬迁后实现脱贫。

在"悬崖村"的老房子里,某色达体的全家福照片和女儿的奖状还挂在墙上。按照村里发展集体产业的计划,他家的老屋将保留下来进行加固。

"安顿好了新家,我还会和老婆轮流回来做民宿,接待游客。"某色达体说。

(三) 触抵事物本质

我们身处日新月异的信息时代,事物千变万化,关系错综复杂,一果多因,一因多果,多果多因。"泡沫在上面,潜流在下面"。我们讲故事、作报道绝不能浅尝辄止,被一叶障目、乱花迷眼。必须认真践行脚力、眼力、脑力、笔力,循声而去,刨根问底,透过现象看本质,分清主流和支流,抓住主要矛盾和矛盾的主要方面,找到故事个性,触抵事物本质。这样,故事才能"讲到位"。

新华社记者蔡国兆、周效政 2004 年采写的《中国农民板凳上的民主体验》就是这方面的佳作。稿件从一个有视觉冲击力的场景和生动案例切入:

带上自家的小板凳,找片树荫和空地围坐下来,热热闹闹地聊上或"吵"上个把小时,这已经成为广东省阳东县地平村村民每月至少一次的"必修课"。

这种被农民称为"板凳会议"的活动之所以让人着迷,是因为村里的 2100 多名居民发现,它是大家讨论村里事务并求得共识的一条最直接有效的途径。

52 岁的村民郑龙斌对今年 8 月在村篮球场上召开的一次"板凳会议"记忆犹新。那次会议的主要议题是村里是否应该将部分土地出租给浙江省一家民营企业发展特色农业。

"开始,我是不赞成的,因为我觉得'肥水不落外人田',我们自己又不是不会种地,租给外地人种干什么?"郑龙斌回忆说。

但是，更多村民支持土地出租，因为"引入外地企业不仅能给村里带来实际效益，还能给本村带来先进的生产技术和经验"。经过一个多小时的激烈辩论，郑龙斌等"反对派"终于被说服而转变了立场。

村民郑辉旭说，虽然大家常常为某个问题争得面红耳赤，但是"我们在'板凳会议'上什么都可以说，真有了种'主人'的感觉"。

记者随后将视野扩及中国农村出现的"村干部直选""民主听证会""民主议事日"等新现象，层层递进展现中国特色民主制度特质和效力，有力反击了美西方对我国民主制度的质疑、攻击。

由点及面，由表及里，直抵本质，深入浅出。这是面对国际舆论场纷繁复杂形势讲好中国故事、积极有效影响国际舆论的"本质要求"。

2020年，百年不遇的新冠疫情突然暴发。世界经济陷入严重衰退。中国积极高效统筹疫情防控和经济社会发展工作，率先复工复产，实现经济增长由负转正。新华社当年12月推出《逆风破浪的中国经济晴雨表》系列报道，包括《一只集装箱的"奇幻漂流"》《电都去哪儿了》《春江水暖"机"先知——从"挖掘机指数"看中国经济温度》《钱去哪儿了——从"前景"看中国经济脉动》等，以挖掘机、电力、集装箱等为晴雨表，具体而深入地揭示出中国经济的韧性、产业链优势、市场活力、长期向好的基本面、对全球经济复苏的引擎作用等，向寒冬中的全球经济传递出暖意、希望和力量。这组报道受到业内专家好评，认为是以新概念、新范畴、新表述有深度地讲好中国故事的成功探索。

（四）"一把钥匙开一把锁"

中国故事丰富多彩。须摒弃单向思维方式以及大而化之的作风与做法，坚持具体问题具体分析，以联系的观点、发展的观点调研、阐释、呈现，做到"定位"准，打"小口径深井"，并确保"打到油"，展现出故事的"这一个"特色与特质。

货币是国家的重要名片，折射着时代的变迁。在新中国成立 70 周年之际，新华社推出"钱币上的中国"系列对外报道，包括 5 集视频、多篇中英文特稿以及大量图片，以融合形态播发。每集（篇）都通过聚焦中国货币上的图景等元素，以此为"钥"，"解锁""洞观"相关领域、地方及全国的巨大发展变化，各有特色，别具匠心。

如新华社记者娄琛、夏晓、赵宇飞采写的《10 元人民币背后的故事》，比较鲜明地表达出故事的个性和内涵。稿件"开门见山"：

万里长江上，夔门断崖壁立，高数百米，宽不及百米，是最陡峭、最富传奇色彩的峡谷——三峡的入口。

在中国的神话传说中，夔如龙，仅有一足，盘踞在呼啸奔腾的江水中，令人充满敬畏。

夔门险峻的风景让人们着迷，也成为人民币上具有代表性的风景之一。1999 年，中国人民银行发行第五套人民币，10 元纸币背面的图案正是夔门。

8 月，央行发行 2019 年版第五套人民币，10 元纸币背面图案依然是夔门。20 年间，很多人通过人民币领略夔门的峻秀。

26 岁的胡红在夔门所属的重庆市奉节县长大，现在远眺夔门的白帝城景区当讲解员。

"我小时候，这里游客很少，水面比现在低很多，但现在在每天多的时候有 1 万多人前来参观。"胡红说。

和长江上游许多地方一样，湍急的水流和狭窄的河道曾让游客和商人望而却步。但随着世界上最大的水电工程三峡大坝建成，水位上涨，大型船只可以通行。现在，旅游业成为长江沿线很多城市的支柱产业。

奉节县有 2300 多年历史，被誉为"中华诗城"。李白、杜甫、苏轼、陆游、白居易等文人墨客在此留下传世名篇,很多诗歌是关于这里的绝美风景。2003 年,三峡蓄水后,奉节老县城开始没入水下。10 公里外的新县城,高楼大厦依山拔地而起,热闹繁华。

爱好诗歌的胡红希望未来有更多的人来领略奉节的历史文化,享受诗歌。

像胡红一样的年轻人更关心的是未来。而 74 岁的赵贵林仍在坚守历史。

他建成了一座民间博物馆,收集、展示老照片、书籍和家具,还保存了 20 世纪 30 年代当地民居的风貌。

稿件随后用一名企业家的故事,反映奉节县及其所在的重庆市的发展变迁:

54 岁的重庆人徐荣灿在山区长大,小时候家境贫困,"家里养鸡下了鸡蛋不舍得吃,卖了鸡蛋给我凑学费"。

作为一名企业家,他个人财富的积累带有鲜明的时代印记。追逐着改革开放的浪潮,徐荣灿曾经营咖啡厅、涉足外贸服装产业。2008 年,他在重庆打造了第一家奥特莱斯商场,售卖欧洲奢侈品。

他引以为傲的商业模式扩张到了中国十几个城市。"小的时候看见新衣服,比如一件 T 恤衫,就很兴奋、很想买。现在,三五年不买衣服也不缺衣服穿。未来的消费趋势在由物质需求转变成精神需求。"徐荣灿说。

2018 年,徐荣灿的公司在新加坡交易所上市了房地产投资信托产品,以较低成本获得约 50 亿元人民币融资。这一境外融资项目是在中新(重庆)战略性互联互通示范项目框架下实施的。这个中新两国政府间第三个合作项目涵盖金融、航空、物流运输和信息通信技术四大领域。

稿件最后透露,与 10 元人民币结缘的当地,志在上演新的更大的金融

故事:

中国人民银行重庆营业管理部副主任王江渝表示,目前重庆着力金融创新,更好地参与"一带一路"建设,支持企业更好地走出去、引进来。

"在这个过程中,我们也更有能力参与陆上国际贸易规则的制定,去激发和满足更多对国际贸易和融资规则的需求。"她说。

其他几集如《新生》,由20世纪60年代发行的炼钢工人5元券切入,讲述以辽宁为代表的东北老工业基地转型升级的故事。《转型》则串起一段更长的货币史。山西平遥清代票号发达,是中国的金融中心之一。中国人民银行的前身之一——西北农民银行,抗日战争时期诞生在吕梁兴县。这家银行发行了300万元西农币。而被称为"黑金"的煤炭对新中国产生了深远的影响。报道着重讲述中国"煤老大"顺应时代发展潮流,积极推进绿色转型与脱贫攻坚的故事。《全球化》从具有千年对外贸易历史的广州,观察和展示中国货币在对外投资和贸易领域扮演的日益重要的角色。《创新》聚焦马可·波罗笔下的最美城市、如今的"数字化之都"杭州,讲述中国移动支付和普惠金融如何在世界范围内惠及更多人的故事。

扫码看新华社客户端《钱币上的中国(一):老工业基地的新生》

"涉浅水者得鱼虾,涉深水者得蛟龙"。我们要通过用心用功挖掘、讲述有深度的中国故事,让国际社会更好地读懂中国。

三、广　　度

在我国综合国力还不强的时期,世界对中国的关注点主要集中在特别重要的时政信息、重大突发事件、社会趣闻等少数话题。改革开放后特别是进入新时代,中国综合国力和国际影响力显著提升,国际社会迫切需要"全面了解真实的中国"。为使国际社会树立正确的"中国观""中共观",我们就必须拓展报道广度,向世界展现真实、立体、全面的中国。具体应强化4个方面意识,即"全员"意识、"全域"意识、"全面"意识和"系统"意识。

(一)"全员"意识:每个人都了不起

中华民族是一个拥有14亿多人口的多民族大家庭。党员、官员、群众,工、农、商、学、兵,不同民族,男女老少等等,从不同的范畴、角度,可以划分出许多不同的群体。党治国理政的重要理念和特色是,在全面奔小康路上,在共同富裕路上,在迈向中国式现代化路上,"一个人都不能少","一个民族都不能少"。由此,每个群体的追求、智慧和力量,汇聚成时代进步的江河奔腾;每一个体的足迹、心迹和事迹,绘就出中华民族的气象恢宏。因此,我们讲述的故事,不能局限于名流、明星,或少数几个群体,而要努力全面描绘出新时代的"富春山居图""清明上河图",用广角镜展现中国经济社会发展的"百花园""万花筒""全家福"。不能顾此失彼,留下"被遗忘的角落"。

新华社在对外通稿线路开设《人物》(*Profile*)专栏,常态化播发鲜活、有个性的人物故事,描绘中国人的"群像"。人物长廊里,有守护、传承传统文化技艺的民间艺人,如《黄山画师数十年如一日　打造高品质漆器》《面塑艺人:指尖传承非遗》;有筚路蓝缕探索未知世界的科学家,如《中国天文学家探秘宇宙》《"减轻患者痛苦"　中国科学家坚持与帕金森症作斗争》;有忠实履职的基层人大代表、政协委员,如《珞巴族人大代表:守护古老而神秘的文化》《为乡村振兴而奔走的农民代表》;有追潮逐浪的创业者,如《走近运动健身品牌KEEP 创立者》《中药现代制剂的探索者》《哈萨克族青年的新职业》;有在平凡岗位闪光的职场人,如《中国护士为麻风病患者而战》《爆破是毁灭　也是新生——走近阿尔金山里的隧道爆破工》;有怀揣"大梦想"的"小人物",如《中国男子完成自驾环球壮举》《中国环卫工人20 年完成30 万字长篇小说》《1.5 万幅画:沙漠边缘农民画家一个甲子的艺术人生路》;有自立自强的残疾人,如《一位残疾人的科幻跋涉》《中国版"阿甘":脑瘫拳击手汪强》;有坚守平凡、踏实生活的普通人,如《古老渡口摆渡人的坚守》《中国灯笼工匠的新年愿望》《一个资深摄影爱好者的一天》;等等。

这些不同民族、不同职业、不同经历的人物的感人故事,让海外受众看到、感知到中国人真实的生产生活状况、自信自强的精神风貌和中华大地的时代变迁。不少外国网民留言,通过这些故事"更真切地认识了中国"。

从传播学角度讲,海外受众一般更喜欢也更容易通过个体叙事或个体经验来理解他们接收到的信息、故事。我们对外讲中国故事,不仅有人物类故事,其他各类报道中,也都要着眼于人、落"笔"到人,让故事充溢生命的力量、尊严的价值、人性的光辉。

如在新中国成立70 周年之际,新华社记者曹槟、刘方强、张玉洁等采写的特稿《中国人的一天》,从北京、上海、湖南、四川、安徽、西藏,分别选择驻村扶贫工作队队长、大学副研究员、古籍修复师、私人投资公司运营总监等不同行业、不同年龄的普通人,记录他们一天的生活片段,截取几段如下。

北京

清晨6点,63岁的刘雪晶把大豆和水放进豆浆机,启动。等外孙醒来,就能喝上新鲜的豆浆了。

从北京市垂杨柳医院退休的她,除了"姥姥"的身份,还是一名摄影发烧友,购置了3个脚架、4台单反机身和8个镜头。

一大早,她背上相机直奔故宫,捕捉这座近600岁的古建筑美好的晨景。半天时间,她便拍了2000多张照片。

回到家,在堆满摄影杂志、画册和器材的房间,她在电脑上选片,先挑出400多张,再从中选出20来张精修。

截至2018年末,中国60岁及以上人口近2.5亿,约占总人口的18%。越来越多的老人开始享受生活,捡拾兴趣爱好,实现年轻时未完成的心愿。

四川

早上8点,贺章文、贺云萍夫妇把儿子从农贸市场采购的食材依次排开,准备制作当天的蛋烘糕馅料和面糊。

64岁的贺章文有点驼背,不太爱笑,但开口就让人感觉很亲切。他穿着灰白条纹的T恤,戴着印有"贺记"字样的棕色围裙。

川菜以辛辣出名,"贺记"的蛋烘糕却是甜的。

10点多,夫妻俩把备好的馅料分装在保鲜盒里,将调好的秘制面糊灌进两个白色塑料桶,每桶10公斤,一天要用2到4桶。随后,丈夫骑上电瓶车把备好的料驮到店铺。

11点,"贺记"蛋烘糕开门营业。遇上节假日,常常是他们人还没到,店外就已经排起了长队。

铺面是他们7年前租下的。之前22年的时间里,学生口中的贺爷爷、贺婆婆一直在校门口"推个车车"经营着他们的蛋烘糕"摊摊儿"。如今,"贺记"在成都已有10家连锁店。

稿件最后部分记录了他们的晚间时光:

晚上6点,真正的客流高峰来了。贺章文夫妇和儿子轮流烤蛋烘糕、做冰粉。他们的手在3个烤炉间翻转,1分钟能做出两三个蛋烘糕。餐馆里挤满了人,闷热的室外还排着两条长队。这家人要到9点关门才能休息。

体育迷刘雪晶,观看了2019年国际篮联篮球世界杯比赛的电视直播。结束后,她继续在电脑上挑选照片。

"明年是我摄影10周年,打算出一本故宫的影集,要提前准备了。"

这些普通人的普通故事,从细微处展现了中国人对美好生活的向往和社会不断发展进步的原动力。

(二)"全域"意识:神州何处不精彩

各地对外传播资源禀赋不同。像北京、上海、广州、深圳等经济发达的大城市,西藏、新疆等特色突出的民族地区等,海外会更加关注一些。实际上,一方面,每个地方都具有"这就是中国"的共性,都是在党的领导下,共同汲取着悠悠5000多年文明的丰厚滋养,遵循着党和国家的大政方针、战略部署、政策策略,同心同向共创美好生活。另一方面,中华大地是一个百花园,东、中、西部,大、中、小城市,广大农村,边远地区等,各扬优势,各具特色,各显精彩。所谓车马炮各展其长,一盘棋大局分明。

单从国家促进区域协调发展来讲,就是覆盖全域的"中国交响"。区域协调发展战略、区域重大战略、主体功能区战略、新型城镇化战略协同发力。西部大开发、东北全面振兴、中部地区崛起、鼓励东部地区加快现代化等同步推进。革命老区、民族地区发展,边疆地区建设一体加强。京津冀协同发展、长江经济带高质量发展、长三角一体化发展、黄河流域生态保护和高质量发展等强力突破。这些重大战略、重大举措在全国各地得到创造性的贯彻执行,亮点纷呈。

要善于以全球视野发现、挖掘全国各地丰富多彩的故事,把地域故事放到"世界地图"上讲。新华社国内 31 个驻省、区、市分社的对外记者,每年都在不间断地向海外传递当地的故事,相当一批报道引起积极反响。

如《在"华夏第一相"故里 触摸生态文明的千年传承》《中国"公学始祖"家乡见闻:教育公平正照亮每一寸角落》《传承 600 年安徽黄山嬉鱼灯演绎中国年独特浪漫》等"探源寻脉"行进式系列报道,以点带面展现新时代发展进步中蕴含的中华优秀传统文化精华,体现了中国故事的安徽特色。《海南黎锦:中国纺织业"活化石"走向国际舞台》《雨林茶农迎来新生活》《"洋记者"看美丽中国:"一带一路"热带农业合作的海南"样本"》《海南自贸港:创新消费场景 吸引消费回流》等,多方面展示海南改革开放特别是自贸港建设的进展和成果,体现出中国故事的海南特色。

不单是一省一市,就是一县一乡一村一校一企,基本上也各有各的拿手戏、特色牌。只要深入挖掘、用心讲述,这些有地方特色、民族特质、时代特征的故事,都能有效抵达国际社会,展现独特而又具共性的中国精彩。

浙江省一个小村子就因与星空"结缘"而亮丽。新华社记者魏董华、段菁菁、崔力 2023 年 6 月采写的《钱江源头古村落守护暗夜星空》,讲的是开化县真子坑村的新生故事。稿件写道:

真子坑村下辖 4 个自然村,其中的高田坑自然村是开化县海拔最高、保存最完整的原生态古村落,因为原生态保护做得好,被评为中国传统村落。

当地村干部说,高田坑村没有光污染,有堪比青藏高原的通透天空和观星条件。2023 年,这里被中国生物多样性保护与绿色发展基金会设立为"中华暗夜星空保护地"。

走进这个偏远山村,山顶上一座天文馆十分显眼。随着夜深,在这里看星星,似乎"触手可及"。

"抬头望远,是一片久违的、美到令人窒息的星空,就像密林中有许多生物在黑夜里奔走飞翔的样子。"杭州市天文学会的一名会员曾多次在这里观测星空,回到城市后,在社交媒体上感慨。

然而,这些村庄也曾面临破败的境遇,如泥巴路、四处堆放着垃圾……2003年,浙江省提出"千万工程",首先对村庄的人居环境进行整治。

2016年,开化县长虹乡定下发展目标,将高田坑村打造成暗夜公园科普观星基地,建设科普馆,同时重点实施农村清洁工程、河道整治,打下生态环境基础。

"县里投资了近3000万元,专门建立了一个科普和观测于一体的天文馆。"长虹乡干部董珂理说,在保护当地生态系统原真性的基础上,近几年,村里打造了游览观星、研学旅游、文化艺术等多业态融合的乡村生活空间。

古老村落的"星空IP"吸引了络绎不绝的游客,年接待游客约3万人次。

星空资源"变现"后,给这座偏远山村带来了流量,同时也拉动了消费。在当地村民看来,星空正在成为这个千年古村从凋敝走向振兴的发展密码。

60多岁的余坤花曾是这个村里唯一一间小卖铺的经营者。以前村里人少,小卖铺的生意一直挺冷清。现在游客增多,给像她这样的留守老人提供了一项新的生意,开民宿或农家乐,一年可以带来8万多元的收入。

村集体把村里88栋古民居中空置的40多栋统一租下来,打造星空主题的民宿集群,融入更多和星星相关的概念,如星星路灯、星空书屋、星空集市等,通过文旅产业进一步带动村庄发展和村民增收。

当地经济发展模式的转变对老百姓生态观念也产生了影响。"这里从干部到群众都知道,林是不能砍的,猎是不能打的。"董珂理说。

"无论天涯与海角,神州万里同怀抱"。我们应努力描绘出中国故事的"全域地图"。

（三）"全面"意识：笔下有气象万千

全面,是讲好中国故事的基本要求。只有全面,才能呈现事物发展的全貌和真相,才能展现国家民族的完整形象,才能有利于国际社会形成对中国客观平衡的印象和认知。中国发展的基本特征就是全面。在个人层面,追求人的自由全面发展。在社会层面,充分激发全体人民的历史主动精神,充分激发全体人民的积极性主动性创造性。在国家层面,新时代中国特色社会主义总体布局是经济建设、政治建设、文化建设、社会建设、生态文明建设五位一体,全面推进;战略布局是"四个全面",即全面建设社会主义现代化国家、全面深化改革、全面依法治国、全面从严治党。党的十九届六中全会通过的《中共中央关于党的百年奋斗重大成就和历史经验的决议》,全面总结了党的十八大以来在13个方面取得的历史性成就、发生的历史性变革,中华民族迎来从站起来、富起来到强起来的伟大飞跃。我们讲中国故事,就要目光四射、触角灵敏,学会"弹钢琴",努力做到宽领域、广覆盖,尽可能全面地反映出时代的变迁、国家的风貌。

新华社对外部荣获中国新闻奖名栏目的《行走中国》,播发的都是采自基层一线的故事,文字、视频等融合呈现。笔者调取2023年11、12月播发的稿件,可以感受到涉笔广泛、内容丰富、异彩纷呈。

这些故事中有展现中国政治特质的,如《在中国首位"法官"皋陶故地感受德法相融》《茶室里的民主》等。其中,《茶室里的民主》讲述的是,福建武夷山脚下的古代哲人朱熹故里——五夫古镇,在 2022 年探索地方人大代表收集社情民意的新途径,利用兴贤古街上的一座明末古宅创办接待中心,取名"民情茶话室",每周二和周日都有人大代表在这里与老百姓边喝茶边聊事儿。自创立以来,"民情茶话室"收集意见建议的办结率超过 90%。

有彰显中华文化力量的,如《保护、发展、传承——在绥中感受长城的历史与现在》《21 名中国高中生把教室画成了"千里江山图"》等。其中,《一座中国滨江小镇的动画奇缘》讲的是,江苏省南通市滨海小镇海门东布洲以一年一度的动画周为引擎,打造动画产业的故事。

有展示中国开放活力的,如《团体跨境游激发"百年口岸"绥芬河城市活力》《河北新河"眼镜盒"出海记》《美国设计师谢敏的"海岛乐趣"》《"一带一路"倡议带给我们实现梦想的机会——在华中亚青年的留学生活》等。

有体现中国生态文明建设魅力的,如《西伯利亚大天鹅成为中国多地冬季游"新名片"》《"黄河之肾"探索高原畜牧新业态》等。其中,《一个"沙漠县城"的绿色蜕变》,以冯记马儿庄村的王新福过去长期在外摆摊"躲沙",后来回家养殖 600 多只羊、流转 400 多亩水浇地种植玉米和苜蓿的故事为引线,展现地处毛乌素沙地南缘的宁夏盐池县持之以恒推进荒漠化综合治理、实现生态根本性转变的不凡历程。

有描绘乡村振兴图景的。如《地方"土特产"助力中国乡村振兴》《雅鲁藏布江中游河谷:从沙丘废土到美酒飘香》等。其中,《村庄里的"电商盛事"》讲述的是山东省曹县贫困乡村因电商而兴的故事。曾是"打工大军"一员的丁楼村的任庆生、从日本留学归来的李字雷、"博士哥"胡春青等青年,"逆流"返乡电商创业,打开一片新天地。"网络改变生活"。而今,这个县生产的汉服占据全国汉服市场四成份额。拼多多平台显示,全国汉服销售排名前 2000 的网店,有 1200 家来自曹县。

需要指出的是,"全面"不是"撒胡椒面",而是建立在精、专、特基础上的全面。

宋代著名文学家苏轼倡导的"八面受敌"读书法，给我们提供了有益借鉴和启示。他认为，一个人读书不能像八面受敌时八面出击一样，由于精力有限，这样可能什么也解决不好，最终一事无成。他倡导读书时把一本书按内容分成若干项目，每次只集中精力学习、研究解决一个问题；然后，在分项的基础上进行综合，融会贯通。这样一来，书便能读"厚"。苏轼在阅读《汉书》时，就运用了"八面受敌"法。他分别从治道、人物、地理、官制、兵法、财货等方面阅读《汉书》，最终将其精髓了然于胸。

我们阅读时代这部"大书"，还要讲好这部"大书"的故事，更需要借鉴这一方法，以"八面受敌"之功，收笔下"八面来风"之效。

（四）"系统"意识：拒绝"隧道视觉"

事物是普遍联系的。讲述每一个故事，都要有视野宽度，不能囿于直来直去的"隧道视觉"。大局意识、系统思维、协调联动，是党治国理政的基本特点，是中华文化的本质特征，是中国故事的重要特质。要善于从系统论维度、命运共同体维度、时间与空间维度等，呈现故事的丰富内涵，既主干突出，又枝繁叶茂，让海外受众看清事物的全貌，了解事情的来龙去脉，把握故事的本质，得出正确的结论。

2023 年初，新华社推出社领导策划的《中国战"疫"五字诀》文字、视频报道，以"抗""防""统""优""常"五字为主线，串起一个个生动感人的故事，向海外民众鲜活地呈现中国 3 年战"疫"的全过程及贯穿始终的道与理，有力回应海外对中国抗疫的误读、误解，有效反击一些恶意的抹黑攻击。其中，视频版《新华社记者说｜外国人眼中的战"疫"五字"中国策"》，通过深入采访来自美国、法

扫码看新华社客户端《新华社记者说｜外国人眼中的战"疫"五字"中国策"》

国、西班牙等6个国家的专家学者,有故事有观点,客观中肯,说服力强。网友Kitty Queen说:"感谢每一个对我们今天能过上正常生活作出贡献的人,尤其是为全球公共卫生作出了巨大贡献的中国。"

作为世界第二大经济体,国际社会对中国经济运行状况、发展趋势极为关注,解读五花八门,包括唱衰论调不时泛起。对此,新华社对外报道注重在一些重要节点,向海外系统展示、全面解读中国经济的基本面、新挑战、新举措、新动能、新亮点,阐释中国经济的大局与大势,有效影响海外舆论。如2023年是中国经济在新冠疫情之后全面恢复的一年,上半年总体呈现上升趋势,但也存在一些波动,海外负面的观察解读也比较多。对中国经济该怎么看? 新华社借2023年上半年全国经济数据公布之机,组织采写、播发系列解读报道,唱响中国经济光明论。如播发的《挑战与韧性:中国经济面面观》,从经济复苏态势、内需、失业率、物价、企业预期、风险化解等方面,分析经济形势和走势,着力给海外受众提供一个比较完整的中国经济图景。

不谋全局者不足谋一域。宏大叙事需要系统化视角,讲述中观或微观故事也需要系统化视角。报道一域,应是全局下的一域、大局中的一域;报道局部,应是系统中的局部、全局中的局部。不能落入"就事说事"的窠臼。应深入调查研究,明晰报道对象的定位,理清其上下左右的联系,以系统化视角呈现客观完整的图景和更远更深的意蕴,力求做到"最优化"地系统呈现。

新华社记者白旭、程露、任丽颖等2023年5月采写的《一个"点"的生活变迁》,就是这方面的力作:

> 唐孝亿的微信名只是一个"点",不仔细看都看不到,但一个点可以有无数种可能。
>
> 唐孝亿家的老房子在河北省阜平县骆驼湾村,用石头和泥巴垒成,炉灶连着土炕。他记得夏天爷爷奶奶总要到屋外做饭,不然炕会热得没法睡,而冬天屋里特别冷。

骆驼湾村距阜平县城不到 40 公里,然而这里土地贫瘠,交通不便,饱受贫困之苦。这里常年居住的以留守老人为主,村民主要靠种植土豆、玉米和外出务工维持生计,人均年收入不足千元。2012 年底,全村近 300 户中有 189 家是贫困户。

正是在阜平,习近平总书记向全党全国发出了脱贫攻坚的动员令。

从人迹罕至的大漠高原到交通闭塞的深山老林,一张识别贫困人口的大网在中国铺展开来,12.8 万个骆驼湾村这样的贫困村、几千万贫困人口被识别出来,25 万多个驻村工作队、300 多万名县级以上单位派出的驻村干部,户户有责任人,村村有帮扶队。

如同中国很多村子一样,骆驼湾村的变化天翻地覆。

2017 年,这个贫困发生率曾约 70% 的小山村实现整体脱贫。食用菌、高效林果、乡村旅游等产业发展,推动了村民增收、致富。到去年底,村民人均可支配收入超 2 万元,是 2012 年底的 21 倍。

村里陆续有了文化广场、大戏台、农家书屋、银行、电商中心,甚至还建了充电桩和免费手机快充装置。旅游业给村民们带来了更多的就业机会。这个过去因为太穷而留不住人的村子摇身一变成了"香饽饽"。

49 岁的罗敏是骆驼湾的村民。村里建了小吃街后,她每月在餐厅工作的收入有 2000 元。来自邻村的白文英在餐厅担任经理助理,她说现在是旅游旺季,餐厅在原来 8 名服务员的基础上又增加了 7 人。旺季时,骆驼湾村每天能接待 6000 到 8000 名参观者。

曾经家徒四壁的日子已经远去。现在村口大大的红字写着"我们过上了好日子"。一些破旧的房子被保存了下来,成为一个记录那段历史的博物馆。入口处的墙上写着:"过去的日子"。

阜平在中国地图上只是一个点。正是千千万万这样的点的逆袭,造就了世界最大发展中国家的反贫困奇迹。

2021 年,中国脱贫攻坚战取得全面胜利,宣告消除绝对贫困。中国"三农"工作的重心历史性地转向全面推进乡村振兴。

15 岁的唐孝亿如今在距离骆驼湾村一个多小时车程的阜平县城厢中学读初二,父母还在县城买了房。村里的家搬到了老房子 50 米外的二层小楼上,热水器、洗衣机、抽水马桶等一应俱全。

站在山坡上俯瞰全村,唐孝亿说,奶奶希望他将来能找个稳定些的"好工作",但他更希望去远方。

"我想去看看更广阔的世界。"他说。

视野广阔、内涵丰富、开合有度、方正大气,这是我们讲述中国故事需认真把握和展示的特质。

四、温　　度

　　故事有温度,方能感染人。每个故事都有其情感内核。一个故事只有首先引起受众情感共鸣,才能更有效引发观点共鸣、价值共鸣。要善于把受众引入感人的场景,带入故事主要人物的情感体验,让其自然地感知、体悟故事的内涵、意义。数字化时代,传播呈现出更加鲜明的情感化特征,"共情性""情绪价值"成为新闻价值判断的一种重要取向。应带着感情投入采访、写作、制作,努力挖掘和呈现有情感温度的故事,把更多"沾泥土""冒热气"的中国"暖故事"讲给海外民众听。

(一) 主题有温度

　　主题是故事的"帅"。故事主题情感内涵丰厚,整个故事自然就温润人心。

　　在中国共产党领导下,以中国式现代化全面推进强国建设、民族复兴伟业,不断拓展人类文明新形态,积极推动构建人类命运共同体。这是深蕴着为人民、为人类的情感温度和价值温度的时代主题,既静水流深,又澎湃浩荡。要通过讲好中国故事,把中华大地上的时代温度,有力有效地传递给国际社会。

　　具体到讲述的每一个故事,还要下功夫"提炼"特有的主题及其"温度"。

2021 年 5 月 15 日，天问一号探测器成功登陆火星。新华社播发系列报道，中国科技自立自强、奔向星辰大海、造福人类的主题鲜明厚重、触动人心。如记者喻菲、全晓书、李宓等采写的《中国探测器登陆火星》写道：

一艘中国的航天器周六在火星的天空疾驰而落，成为这个国家首枚在地外行星登陆的探测器。

国家航天局宣布，携带着火星车的着陆器于北京时间上午 7 时 18 分降落在火星北半球广阔的乌托邦平原南部的预选着陆区。

地面控制人员用了一个多小时才确定通过程序预先设定的登陆成功。他们要等待着陆后火星车自主展开太阳能电池板和天线发送信号。由于地球和火星之间有 3.2 亿公里的距离，信号还有超过 17 分钟的延迟。

国家航天局负责人在北京航天飞行控制中心宣布："首次火星探测任务天问一号探测器着陆火星取得圆满成功。"

飞控中心的大屏幕显示，探测器着陆点在火星表面北纬 25.1 度、东经 109.9 度。

确认成功后，飞控中心的航天工程师和科学家们在欢呼声和掌声中相互拥抱。

中国首次火星探测任务总设计师张荣桥说，这次着陆达到教科书式的精确，"今天的成功来之不易"。

自 20 世纪 60 年代以来，全世界实施的 40 多次火星探测任务中只有约一半成功，火星登陆的成功率更低。

中共中央总书记、国家主席、中央军委主席习近平在贺电中说，天问一号探测器着陆火星，迈出了我国星际探测征程的重要一步，实现了从地月系到行星际的跨越，在火星上首次留下中国人的印迹，这是我国航天事业发展的又一具有里程碑意义的进展。

中国科学院院士叶培建说，这是世界上首次通过一次发射任务完成火星环绕和着陆，中国已走到火星探测的世界前列。

7天后（周六），新华社播发《新华全媒头条｜中国火星车开启红色星球探测之旅》，开篇写道：

中国第一辆火星车祝融号周六从着陆平台驶向火星表面，在红色星球上留下了中国的首道足迹。

祝融号在火星表面开始行驶，让中国成为继美国后第二个在火星上成功着陆并操控火星车的国家。

祝融号依靠太阳能提供能源，6个轮子均是独立驱动，重量达240千克，像一只蓝色的蝴蝶。它缓缓地从着陆平台的坡道驶下，接触到红色砂质的火星土壤，在这个太阳系的第四颗行星上开始了探索之旅。

中国国家航天局表示，根据遥测数据，祝融号于北京时间周六上午10点40分到达火星表面。

中国的天问一号火星探测器包括环绕器、着陆器和俗称火星车的巡视器，于2020年7月23日发射。2021年5月15日，携带火星车的着陆器在火星北半球广袤的乌托邦平原南部着陆。

报道中引用科学家对探测器科研任务的解读，体现出中国深厚的人类情怀和责任担当：

中国空间技术研究院探测器设计师王闯说，环绕器上的相机拍摄了分辨率达0.7米的详细影像，显示预选着陆区地形复杂，岩石和环形坑比原先预想的更多。

"但是，我们相信探测器的设计能够实现在该区域登陆探测。"王闯说。

早先的研究表明，天问一号登陆地点在火星早期可能是一片远古海洋或湖泊的边缘。中国科学家期待找到更多水冰的证据。

"我们之所以选择这个地点，是因为它既具备安全着陆的条件，又具有科研价值。这个位置还没有被其他国家探测过,因此,科学数据可以与其他国家分享,丰富人类对火星的认知。"国家航天局探月与航天工程中心深空探测总体部部长耿言说。

天问一号的任务是绘制火星形貌和地质构造图,调查火星表层土壤特征和水冰分布,分析火星表层物质组成,探测电离层以及火星气候和地表环境特征,感知火星的物理场和内部结构。

轨道器配有遥感相机、火星轨道次表层雷达、矿物光谱分析仪、磁强计、离子与中性粒子分析仪、能量粒子分析仪。

祝融号火星车搭载了地形相机、多光谱相机、次表层雷达、表面成分探测仪、表面磁场探测仪和气象测量仪。

中国首次火星探测任务副总设计师李春来说,火星探测不仅将探究火星上是否存在生命,还有助于揭示地球的演化历史和未来发展趋势,帮助人类寻找潜在的生存空间。

稿件中的一些介绍和描述给这次具有里程碑意义的航天探测,增添了5000 多年中华文明特有的主题温度:

"天问"这个名字取自中国古代诗人屈原(约公元前 340—公元前 278 年)的一首诗。中国首辆火星车以古代神话中的火神祝融命名,这与火星的中文名相呼应。

......

设计师介绍,火星车是一种全新的地外天体移动探测平台,使用的很多新技术是首次在航天领域中应用。

"在火星车设计完成以后,我们集思广益,进行多场头脑风暴,想把火星车做得既功能强大又外表漂亮,能代表中国航天工程的最高水准。"天问一号副总设计师贾阳说。

艺术家苏大宝将中国书法、篆刻的表现手法结合起来,创作了九叠篆"火"字。在发射前,这个精心制作的装饰图案被小心翼翼地安装到以火神祝融命名的火星车头上。

再举个"趣闻"例子。2020年春天，一群来自西双版纳国家自然保护区的大象，穿森林、越牧场，访问有人居住的村庄，向北游荡了500多公里。包括新华社在内的中国媒体，以丰富生动的全景式描述展现其行程。象群的行踪牵动着世界的目光。新华社的报道对准了野象监测预警团队、专家、沿线干部群众等，围绕北移象群，铺展了一幅接力保护自然生态的感人画卷，让国际社会透过象群看到了中国人民热爱自然、善待生命的文明价值取向和真挚情怀，以及中国政府在野生动物保护和环境保护方面的担当作为。如报道中提到的村民唐正芳，他怕大象饿着，主动拿出自家的玉米，为大象投食。他说："从我爷爷这一代起，就没有见过大象，我看见它们太激动了！"此次象群北迁的报道，成为一个展示中国形象的成功案例。

（二）"人""心"传温度

对外讲述中国故事，力戒见事不见人。不写人的故事，就如与受众"冷面以对"。好的故事要既"见人"，也"见心"。"见人"，不是让人物简单地与读者"打个照面"，也不能"知人知面不知心"，而是要努力让故事与受众有心灵的沟通与共鸣，特别要把笔和镜头更多地对准有故事的普通人。对外国民众来说，中国普通百姓的故事是引人入胜的。平凡人物的命运往往最能折射社会的脉动、国家的形象。

新华社记者黄筱、殷晓圣2019年1月采写的《"一元村医"穿越半个世纪的坚守："全村人的病历都在我心里"》，讲述的是浙江省建德市梅塘村村医、70多岁的吴光潮的故事。吴光潮从1966年在半农半医学习班完成学习、在卫生室开始工作至今，坚持半个多世纪服务村民。20世纪六七十年代，他看病只收五分钱、一毛钱；从1983年起，坚持"一元看病""不涨价"。他说："卫生室费用有政府的补助，即使不够的话，村集体也会支持。我有退休工资，为村里服务,是尽自己的一点力量。"乾潭镇卫生院给梅塘村卫生室做过统计,近3年来,每年这里的就诊人次都突破4000。除了政府补助,吴光潮每年还从自己的工资中拿出几千元补贴卫生室。

稿件细腻地展示了吴光潮的心路历程:

虽然诊疗费廉价,但是吴光潮对待病人的态度却不打折。多年来,他治愈的疑难杂症患者达上万人次。他利用中草药、拔火罐、电针疗法等为村民解决农村常见病、多发病,基本实现小伤小病不出村。他先后获得"全国优秀乡村医生""建德市道德模范"等荣誉称号。

在吴光潮心里,再多的荣誉都不如村民的信任。30多年前,他曾救活一个意外落入水塘奄奄一息的小姑娘。当年的小姑娘如今也当妈妈了,她把吴光潮当作父亲一样看待,逢年过节都会来跟他说说家常话,就像一家人一样。

由于经常要在村里走访看病送药,吴光潮有一次冒雨撑伞骑自行车摔倒在路边,被诊断为脑震荡,在乡镇卫生院住了20多天,先后有100多名梅塘村村民自发走五六公里路去看望他。连卫生院的护士都禁不住夸赞:"您这个医生当得真是值得,老百姓都这么敬重您!"

"行医就是行善。能够被乡亲们尊重、信任,这是我最看重的事情。"

同吴光潮一样,新华社对外报道的一个个普通人的故事,无论是43年坚持攀登珠峰并最终圆梦的无腿登山者,还是每天坚持到实验室"打卡"的百岁教授,抑或登上美国《时代》周刊封面的中国外卖小哥……都在鲜活而有温度地展现中国精神、中国力量,传递中国文化、中国价值,见证中国人的光荣与梦想。

人间烟火气,最抚凡人心。在亲情、友情、爱情等人类共通的情感中,在普通人的际遇和日常生活里,可以找到很多共情、共振的传播"触点"和感人故事。尤其是在新媒体时代,我们要善用影像的力量传递中国故事的温度。

2018年10月,新华社在海外社交平台播发的英文短视频《暖!骑车男子挡住车流,守护拄拐老人过马路》,成为超级爆款产品,时长46秒,在海外社交媒体平台连续多日刷屏,海外总浏览量达1.88亿次,5000多万人互动,624万人点赞。视频讲的是一个老人过马路的故事。拄拐老人深深佝偻着背,颤颤巍巍,窘迫无助。此时,骑摩托车的男子毅然挺身而出,挡住车流,并示意前方有老人。时间仿佛凝固了。在停住的车流前,老人从容走过。视频引发海外网友强烈共鸣。来自全球各地的网友纷纷留言转发。有网友留言说:"每个人心中都有善意和博爱。走出自我,每天都能见到这样的奇迹。""善意的能量向外辐射,美好社会将持续进步。""好人义举。儒家思想伟大。尊重中国。"

扫码看新华社英文客户端《暖!骑车男子挡住车流,守护拄拐老人过马路》

(三)叙事蕴温度

一则故事要打动受众,叙事是否有共情力很重要。一方面,清晰地叙述发生了什么;另一方面,生动地展现故事主要人物及相关人物的感受。另外,还有叙事的手法、节奏是否精到。人们之所以愿意听故事、看故事,一个重要原因,是事实底下有情感在流动。

新华社2015年11月播发的记者陈斌华、孟娜、王聪采写的《历史性握手,为了两岸共同未来》,聚焦两岸领导人的"历史性握手",传递出一种具有深厚历史底蕴和民族情怀的特殊的温度。稿件写道:

公元2015年11月7日,一个将永载史册的日子。

下午3时,新加坡香格里拉大酒店会见大厅。身着深色西服,分别系着红色、蓝色领带的两岸领导人习近平、马英九,从大厅两侧同时走出,相向而行。在黄色幕布中央前方,他们将手伸向对方,紧紧握在一起。

这一握,穿越了66年的历史风雨。这一握,树起两岸关系史上重要里程碑。

数百名等候多时的媒体记者见证并记录下这一珍贵瞬间,让瞬间成为永恒。大厅里一时光芒闪烁,快门声响成一片。

习近平、马英九面带微笑,面向媒体。80秒钟,两只手始终紧紧握着。

稿件接着解释了这一历史性握手的来之不易与弥足珍贵:

这是1949年以来两岸领导人首次会面。过去的66年里,台海上空曾经阴云密布,军事对峙、咫尺天涯。直到20世纪80年代后期,两岸才打破藩篱、亲人团聚。但"台独"分裂势力的挑衅,一度让两岸关系濒临危机。2008年以来,两岸关系走上和平发展道路。经过互信与成果的累积,今天双方终于迈出历史性的一步。

稿件引用亲历者的感受,丰富了叙事温度:

曾经新加坡,又在新加坡。1993年到新加坡报道"汪辜会谈"的台湾无线卫星电视台执行副总经理杨盛昱,在再度见证两岸关系重大突破后激动地说:"此次握手具有全球意义。作为两岸新闻报道的老记者,我曾经期待很久,也曾经不再期待。所以今天既意外,更惊喜和兴奋。"

在现场采访的澳门广播电视公司记者马祈仕说,这是意义非凡的历史性开端。"一切皆已开始,历史不会倒退"。

稿件不长,字里行间让读者深刻感受到历史潮流的浩荡、血浓于水的亲情。

（四）话语具温度

"言为心声"。在深入采访基础上精选和呈现人物的话语，可以有效荡起故事的情感流，因为他们的话语能够原汁原味地反映实景真相、生动鲜活地表达真情实感，让故事可感、可信。这也是向受众投下的情感"传感器"，让人物活起来、故事立起来的"催化剂"。

中国脱贫攻坚取得全面胜利，是举世关注的重大事件。新华社推出系列对外报道，全面展现中国人民在党的领导下实现这一人间奇迹的伟大历程、重大意义，以及人民群众的获得感、幸福感。新华社 2021 年 2 月 25 日播发的《中国宣告消除千年绝对贫困》，全文不足千字，开头两段写道：

世界上人口最多的国家 25 日宣告消除绝对贫困。

这意味着中华民族告别千百年来缺吃少穿的梦魇，实现丰衣足食、安居生活的夙愿。

稿件接着引用习近平总书记令人荡气回肠的宣告：

中共中央总书记、国家主席、中央军委主席习近平 25 日在北京举行的全国脱贫攻坚总结表彰大会上宣布，中国脱贫攻坚战取得了全面胜利，完成了消除绝对贫困的艰巨任务，创造了又一个彪炳史册的人间奇迹。

稿件引用的其他几名有代表性人物的直接引语，鲜活厚重，情感充沛，有效增强了报道的感染力、说服力：

"以前，粮食不够吃，木房子到处是窟窿，在屋里都能看到星星。"去年脱贫的贵州省紫云苗族布依族自治县旁如村农民王金才说，现在住进政府补贴盖的砖房，喝上自来水，两个娃娃读书不花钱，"生活不再发愁了"。

云南省昭通市委书记杨亚林说，脱贫取得成功，关键是坚决依靠党的领导,干部群众一条心,"再硬的骨头也要嚼碎"。

"中国成为世界减贫的范例。"塞内加尔学者易卜拉希马·尼昂说,中国经验值得非洲国家借鉴。

对话是人们日常交流的重要方式之一。讲故事时多用一些对话,能更快地展示事物、揭示人物。对话在视频、融合报道中采用较多,文字稿件也应加强"对话",使故事更有代入感,更易读、好读。精确、气氛、情绪,是对话、互动需要把握的重要元素。

2023 年 8 月,新华社领导点题推出的中英文视频《新华社记者说｜美国记者新疆大巴扎购物记》,由新华社美籍记者李柯和"网红"记者商洋以亲历视角呈现大巴扎一天的购物体验,视频中话语平实接地气,采访互动有感染力,向海内外受众展现了新疆的繁荣发展、稳定和谐、开放多元。视频在海外社交媒体平台的总浏览量超过 1400 万次,互动量 15 万多次。

扫码看新华社客户端《新华社记者说｜美国记者新疆大巴扎购物记》

波兰—亚洲研究中心智库主席拉多斯瓦夫·皮菲尔表示,视频中记者与来自不同民族的店主砍价、交流,与游客现场互动活泼有趣、可感可触,凸显出大巴扎的繁华和新疆老百姓安居乐业的景象。韩国《开放新闻》编辑智惠说,视频制作精良,被编辑放到网站首页刊登后,吸引了众多网民点击观看。视频通过中外记者逛市场,展现热闹繁华的乌鲁木齐市场。其中,对维吾尔族商家的采访真实可信,如实反映了市场繁荣程度和社会稳定状况。有海外受众点赞留言:"这才是真正的新疆、真正的维吾尔族。别再被西方反华、排华的宣传和虚假报道迷惑了。"

（五）个性显温度

每一个故事、每一个人物都有其个性。个性最能体现出人物的本色、性情、形象及事物的本质、特色。要找到故事的个性，就要像剥洋葱那样破开层层包裹，挖出那细嫩而带尖的芯芽。

1998年12月21日，新华社播发特写《送别钱钟书》。记者韩松作为在现场的唯一一名媒体记者，通过深入细致的观察，记录下一系列感人、传神的细节和场景，让读者细致入微地读出了钱钟书的个性和这次送别的特别之处。钱钟书淡泊名利，"不喜欢一切'世俗的事物'"。他的葬礼朴素感人。灵堂"没有挽联，也没有哀乐"，"大多数人也没有戴黑纱"，"火化间的门关上时，别人劝她（钱钟书夫人杨绛）离开，她说：'不，我要再站两分钟。'钱钟书的遗体火化后，根据他生前的意愿，骨灰就近抛撒"。稿件通篇形容词很少，靠对细节的白描传递感情、打动人心。

所以，讲故事至关重要的是，精心挖掘能够表现个性的情节、场景、细节，以硬事实为经纬，将其编织成网，让故事的个性自然呈现出来、温度自然释放出来。

写人如此，讲事也应如此。如新华社记者邓玉山、周晔、赵晨捷等2023年5月采写的《让维吾尔族音乐遗产活起来》，报道的是新疆如何保护和传承被称为"维吾尔音乐之母"的"十二木卡姆"。稿件并不是简单地罗列几条政府的措施及落实效果，而是在仅412个英文单词（倒译成中文700余字）的篇幅里，以"人"带"事"、"情""理"交融：

艺术中心主任热合曼·阿不力米通过排练享受着每天的主角表演。

这名53岁的男子来自中国西北新疆维吾尔自治区的莎车县。该县以十二木卡姆故乡而闻名。

这种独特的艺术形式被称为"维吾尔音乐之母"，由维吾尔族歌曲、舞蹈和音乐组成，被认为是中华民族音乐的瑰宝。

在1949年中华人民共和国成立之前，它几乎消失了。受益于政府和当地民间艺人的不懈努力，这种艺术形式得以延续至今。

热合曼·阿不力米说:"政府每年安排民间艺人参加 15 到 30 天的十二木卡姆培训。"

"每个艺人每天得到 50 元(约 7.5 美元)的补贴。他们每年在练习舞蹈和参加各种节目的同时学会一段木卡姆。"

为促进这一传统艺术形式的传承,当地政府投资 500 万元建起木卡姆艺术中心。表演大厅可以同时容纳数百名表演者,欢迎任何游客在那里学习艺术。

阿乌特·尤普是十二木卡姆的继承者,他已教出 60 多名学徒。他曾带领他的剧团到中国东部的许多省份表演。

"我们能够出新疆,然后到外面演出,传播我们新疆的非物质文化遗产,自己作为一名传承人,感到特别自豪。"他说。

2005 年,中国新疆维吾尔木卡姆艺术被联合国教科文组织批准为"人类口头和非物质遗产代表作"。

这种艺术形式也吸引了中国其他地区的文化爱好者。

37 岁的王江江来自中国北方的河北省,曾在意大利学习歌剧表演和作曲。2010 年,他来到新疆,致力于建立木卡姆艺人的"音乐数据库"。

迄今为止,他已采访并录制 3000 多名木卡姆艺人的视频。

"木卡姆歌曲跌宕起伏,鼓点多变,这只能由练习者来传承。同时,这种艺术形式体系庞大,文字深刻,歌曲冗长。要完整地背诵它们是非常困难的。"

他说:"今天,很少有人能唱完所有的曲子,我认为这是它们需要被录下来的原因之一。"

五、鲜　　度

从事新闻工作的都熟知一手信息、第一时间、第一现场的重要性。几百年前，英国人就说，"昨天的报纸只能用来包鱼"。在互联网时代，新闻传播往往以秒乃至毫秒为单位来竞争，更是唯有"新鲜出炉"才能集"万千宠爱于一身"。

（一）向"新"上"新"

国际传播，内容为王。内容为王，首先是内容要新。要养成善于"发现"的"新闻眼""故事眼"，向"新"而行，上"新"不止，努力做到毛泽东提出的：善于"站在海岸遥望海中已经看得见桅杆尖头了的一只航船"。

"苟日新，又日新，日日新"。创新求变，是中华民族生生不息的文化基因，是国家发展进步的不竭动力。改革开放、守正创新、与时俱进，是新时代中国的鲜明特征。在党的创新理论指引下，新时代推出的系列新理念新战略，推进的全方位变革性实践，实现的重大突破性进展，取得的系列标志性成果，为讲好中国故事提供了奔流不息的源头活水。要善于从事物的纵向发展中发现"新认知"，从横向比较中发现"新素材"，从街谈巷议中发现"新表达"，从国际社会关切中发现"新角度"。让国际社会通过我们发现和呈现的"新故事"，不断地见识、理解中国之新、中国之变。

　　新华社近年播发的《中国人首次进入自己的空间站》《中国聚焦｜读懂"双循环"及其世界意义》《"中国式现代化"首次写入世界最大马克思主义政党党代会报告》《新时代造就新词汇——大量新词进入中国权威词典》《外商投资法生效，护航外资深耕中国》等报道，第一时间把最鲜活的中国观察传递给世界。

　　习近平总书记在 2023 年下半年到地方的几次考察中提出加快形成新质生产力。2024 年 1 月，中共中央政治局首次集体学习即聚焦新质生产力。生产力是人类社会发展的根本动力，也是一切社会变迁和政治变革的终极原因。高质量发展需要新的生产力理论来指导，而新质生产力已经在实践中形成并展现出对高质量发展的强劲推动力、支撑力。按照中央战略部署，各地因地制宜，纷纷推出发展新质生产力的新探索、新举措。这一由技术革命性突破、生产要素创新性配置、产业深度转型升级催生的先进生产力，也成为海外观察中国经济走向、发展前景的重要窗口和依托。海外人士从多个维度大量解读分析。在深入学习领会和调查研究基础上，新华社对外持续推出《新质生产力重塑中国经济发展动能》《布局未来　中国向"新"发力》《外资企业看好中国新质生产力发展新机遇》《势头强劲　前景广阔——毕马威高管眼中的中国新质生产力》等报道，多层次、多角度展示中国新质生产力发展态势和前景，帮助海外受众及时了解、看清中国经济新动能、新趋势，保持和增强对中国经济的信心。

　　新时代中国，创新创业创造，百花齐放，蔚为大观。神州大地的新探索、新亮点、新趋势，不仅时时发生在党和国家改革发展的各条战线上，也大量涌现在群众日常生活的"细枝末节"中。我们要及时发现、讲述"新"故事，不断增进国际社会对中国的"新"认知。

　　与陌生人临时组队共享旅游设施，是继共享单车、共享充电宝等之后共享经济的又一种新模式，由此衍生出的"全程共享"在中国年轻人中逐渐流行起来——在网上提前找到志同道合的"搭子"，开启一场新鲜新奇的"共享旅游"

之约。新华社近年对这一现象进行了关注和报道。如《共享旅游——中国年轻人的生活新方式》,通过南京大学大一新生张力、南京服装店经理许婷婷等人的出游故事,鲜活展现了这一新的生活方式。

2024 年初,甘肃天水麻辣烫火了。短短几天,网络就让天水麻辣烫之"香"飘入大江南北巷弄胡同里的千家万户。新华社记者黄杨、文静、张文静采写的《一场亿万人参与的"寻味中国"》,透过天水麻辣烫热,放眼全国不少地方"寻找风味小城"、绘制"美食地图"、举办美食节等活动,铺展开一幅"寻味中国"的美丽画卷,揭示出寻美食之味,也是寻特色经济之味、寻快乐之味、寻文化之味的丰富内涵。正如稿件中对辽宁女孩鞠月萱的描述:

> 过去两年里,她尝过哈尔滨的冰棍、拉萨的酥油茶。而今,她被一碗麻辣烫吸引到天水。
>
> 3 天时间,她吃遍了麻辣烫、呱呱、糖油糕等小吃,也走遍了麦积山石窟、天水古城、伏羲庙等景区。
>
> "这里生活氛围松弛、气候舒适,还有很多值得挖掘的文化、历史底蕴。"鞠月萱很开心,在寻找美味的旅途中,遇见天水这样一座"宝藏城市"。

如果我们仔细研究西方记者对中国的报道就会发现,他们很善于捕捉中国的新变化,如中国本土化妆品在国内市场超越西方大品牌、中国年轻人兴起航天文化热、外国人加入中国的直播大军等等。西方记者希望透过观察"中国之变"找到中国成功与问题的答案。不过,西方媒体不少记者习惯于用西方价值观或者带着偏见,来解读中国的发展变化。因此,他们的报道常常出现认知错位的情况。

(二) 拼抢时效

时效是国际传播的基本要求。在互联网时代,谁能最先填补信息真空,谁就在传播的定义权和定调权上把握住了先机。

新华社作为国家通讯社、世界性通讯社,在重大事件、重要活动等方面的报道可谓争分夺秒。如 2023 年 12 月 11—12 日在北京举行的中央经济工作会议,备受海外关注。新华社英文快讯领先时效第二的路透社 10 秒;新华社滚动播发的会议消息被路透社、美联社、法新社、美国广播公司等美西方主流媒体以特急电形式转发,采用上千家次。

2023 年 4 月,美国特斯拉公司宣布将在上海新建储能超级工厂。新华社第一时间播发英文稿件,被美联社、路透社、《纽约时报》等美西方主流媒体广泛采用。2023 年 9 月 6 日,特斯拉上海超级工厂第 200 万辆整车下线。新华社对外首发《第 200 万辆整车下线! 特斯拉上海超级工厂跑出"新速度"》,发掘并聚焦"从 1 到 100 万的纪录用时 32 个月,从 100 万到 200 万仅用 12 个月"这一新闻要点。这些报道的意义在于,其展现了外企投资中国的景象,折射了中国营商环境的优化和中国扩大高水平对外开放的决心与诚意,是对"脱钩""断链"的有力驳斥。同时,对于国内发生的重大突发性事件及救援等相关新闻,新华社的对外报道也都力拼首发,及时报道最新进展情况,有效影响国际舆论。

不仅快讯、消息要抢时效,深度报道尤其是热点报道也要保证时效,扣准节点,应时而发。在网络社交媒体上,一般要求追热点的时效不超过 24 小时,甚至 12 小时。2019 年西藏民主改革 60 周年前夕,新华社赶在美西方借机炒作之前,率先播发英文稿件《西藏人民享有史无前例的人权》,把 60 年来西藏人权事业发展进步的事实、数据等率先传递出去,海外数百家媒体纷纷转引,美联社在多条稿件中大篇幅引用。

尤为重要的是,讲故事不能"一锤子买卖",不仅要抓住新闻、事件、热点话题的第一落点,还要跟进抓住第二、第三落点,不断深化,形成信息链、故事链,努力做到始终以我为主、一路先声夺人。

2024 年 1 月 17 日,国家统计局发布 2023 年度国民经济运行情况,海内外极为关注。在海内外媒体同场竞技的情况下,新华社"中国经济2023年GDP增速5.2%"的首条英文快讯比第二名的路透社快34秒。当天,对数据蕴含的亮点进行深入解读,播发《新华全媒头条｜2023年中国经济交出亮眼"成绩单"》,展现中国顶住外部压力,克服内部困难,经济回升向好,高质量发展扎实推进,奋力实现主要预期目标,经济增速在世界主要经济体中名列前茅,为全球经济增长注入了强劲活力。随后几天,针对海外关切,深入调查研究,推出《经济观察｜在挑战与韧性中看见中国经济的"形"与"势"》《谣言粉碎机｜中国经济以实力回应炒作》《全球连线｜六问中国经济热点话题》《经济观察｜中国制造"韧性"突围展新貌》《经济观察｜加码布局势头不减 跨国公司仍看好在华投资前景》《经济观察｜蓬勃发展新动能催生中国就业新空间》《经济观察｜中国着力稳固外贸基本盘 加快培育发展新动能》《经济观察｜"我们坚定与中国市场相向而行"——对话三家跨国零售企业负责人》《经济观察｜一杯咖啡里的中国经济》等。这些深度报道时效性、针对性强,多角度、多落点解读中国经济,被外媒大量采用、转引。

新媒体时代,直播成为重要的传播手段。对重大事件、重大热点,都要尽力进行实时报道,包括视频直播、文图直播等,第一时间把事件进程原汁原味、生动鲜活地呈现给受众,并及时跟进解读、阐释报道,让受众与事件同步、同行,感同身受,增强传播效能。

(三) 多抓"活鱼"

新闻界有句老话,稿件是用脚板走出来的。没有调查研究,就没有发言权。即使在互联网时代,也不能用网上信息代替自己调研。迈开双脚,永远在路上,是新闻工作者基本的工作姿态和状态。

2020年新冠疫情暴发后,新华社对外部青年记者徐泽宇主动请缨,在武汉抗疫一线连续奋战80天,不畏风险深入定点医院、方舱、社区、消毒作业现场、医疗垃圾处理中心等抗疫一线,采访到大量珍贵的独家素材,制作了 13 集英文 Vlog《今日武汉》,在海外引发强烈反响。无法抵达现场的多家美西方媒体,向他发出全球直播连线的邀请。他先后 3 次受邀接受英国广播公司(BBC)全球直播连线采访,并抓住机会,就当时美西方舆论对武汉、对中国的无端猜测和攻击抹黑,进行了有力的澄清和反击。

扫码看新华社客户端《今日武汉 | 这里依然充满生机与希望》

抓"活鱼",首先要"走到",到基层去,到群众中去,到新闻现场去。其次要"走深",努力突进到核心现场,采访到核心人物,捕捉到核心细节。最后要"走实",不仅身入,还要心入,用心发现,用心体验。这样才能做到看得到、看得准、看得透,才能讲出"顶花带刺"、鲜活灵动、意蕴深厚的故事。

2020 年 5 月,中国组织科考队重新测量珠穆朗玛峰高度。新华社西藏分社前方报道团队在珠峰地区坚守近 50 天,克服自然环境高寒缺氧、测量过程一波三折、采访条件复杂多变等困难,跟踪测量进程,采集到大量独家内容。编辑部与前方密切合作,采写、拍摄、播发系列一线报道,被美联社、法新社、《纽约时报》等海外主流媒体广泛采用。

新华社在 5 月 27 日(周三)播发的《中国人成功登顶地球之巅再测珠峰高度》,现场感、历史纵深感强,生动阐释了本次测高科考对世界地学和生态研究的重大意义,凸显了增进人类对自然界的认识并促进科学发展的主题。稿件写道:

一支中国考察队周三成功登顶珠穆朗玛峰,重新测量这座世界最高峰的高度。

这是中国重测珠峰任务的关键一步。科学家相信该任务将增进人类对自然的认识,并有助于推动科学发展。

11 时许登顶后,8 人组成的团队在冰雪覆盖、面积不足 20 平方米的峰顶斜面上竖立测量觇标,安装 GNSS 天线。地面 6 个交会点对峰顶觇标进行交会观测。

珠峰横跨中国和尼泊尔边境,其北部位于中国西南部的西藏自治区日喀则。

自然资源部工程师陈刚说:"珠峰任何变化都对全球地学、生态等领域研究有重要指示意义,并影响人类生产生活。"

中国人在 300 多年前的清朝(1644—1911 年)首次测量了珠峰。

1952 年至 1954 年间,印度的测量显示珠峰高度为 8847.6 米。美国长期以来一直使用 8850 米的数字。

1949 年中华人民共和国成立以来,中国的测量员们对珠峰进行了 6 轮测绘和科考。中国于 1975 年和 2005 年发布两次珠峰高度测量数据,分别为 8848.13 米和 8844.43 米。

今年 5 月 6 日,中国考察队出发前往珠峰确定其高度,但因天气恶劣,登顶计划两次被推迟。

珠峰位于印度板块与亚欧板块边缘的碰撞挤压带上,地壳运动活跃。

"准确测量珠峰高程有利于分析喜马拉雅山脉、青藏高原高程变化。"中国科学院大气物理研究所研究员高登义说。

队员们在峰顶停留了两个半小时,创下中国人在珠峰峰顶停留时长新纪录。

登顶期间,队员们还测量了雪的深度,并进行了 GNSS、重力和气象测量。

GNSS 测量得到中国自主研制的北斗导航卫星系统的协助。高海拔重力测量创下新的世界纪录,是同类测量中最高的。

测量结果将在调查者分析、比较并核对获得的所有数据后公布。

下山之前,队员们展开了一面中国国旗。

13 时 30 分许,登山队队长次落报告:"指挥部,我们完成了测量任务,准备下撤!"

(四) 文风清新

一语天然万古新。生活之树常青。采自生活的故事自应有清新的文风,让受众乐读爱看。而不能由于"笔力"不逮,使写作、制作的故事在"最后一公里"功败垂成。

要由选题入、由故事出。手握"大写意"的选题,然后在采访、调研中接触到不少相关的人和事,捕捉到一些场景、细节等。"眼观六路"撒网,"鱼跃虾跳"归舱。如此,我们对讲述的故事就有了比较丰富的感性认识。在此基础上,需上升到第二个阶段,即理性认识,在所掌握素材基础上提炼主题,形成观点,赋故事以魂。当然,在实践中,这两个阶段基本上是交叉推进的。在此基础上,进入到第二个阶段:还原场景,还原感性,还原故事。最终以生动的细节、鲜活的故事,体现出稿件的立意、主题。这就是"看山只是山—看山不是山—看山还是山"的跨越与升华。

与此相应的是,要锤炼平实灵动的话风。创新话语是国际传播的一项战略重点,也是重要突破口。讲故事要亲切、自然,娓娓道来,文风要"活、实、新",要多一些自然的"展现",少一些刻意的"表现"。要认真对接海外受众话语风格和接受习惯。要对"套路"保持警醒,主动求新求变,不以习以为常的"套路"生裁硬剪活生生的故事。

香港回归对于中华民族是具有划时代意义的大事。新华社记者周树春、杨国强、徐兴堂、胥晓婷 1997 年采写的通讯《别了,不列颠尼亚》,准确、真实、生动记录下香港政权交接仪式这一激动人心的历史时刻。报道情景交融,鲜活厚重,以时间线为经,以事件线为纬,以作者通过深入细致的采访获得的大量细节为主体,让读者身临其境,真切感受着历史的风云激荡和中华民族的扬眉吐气。稿件开头写道：

在香港飘扬了 150 多年的英国米字旗最后一次在这里降落后，接载查尔斯王子和离任港督彭定康回国的英国皇家游轮不列颠尼亚号驶离维多利亚港湾——这是英国撤离香港的最后时刻。

稿件接着用近镜头依次记录了 6 月 30 日交接仪式的一个个瞬间。

英国的告别仪式是 30 日下午在港岛半山上的港督府拉开序幕的。在蒙蒙细雨中，末任港督告别了这个曾居住过 25 任港督的庭院。

4 时 30 分，面色凝重的彭定康注视着港督旗帜在"日落余音"的号角声中降下旗杆。根据传统，每一位港督离任时，都举行降旗仪式。但这一次不同：永远都不会有另一面港督旗帜从这里升起。4 时 40 分，代表英国女王统治了香港五年的彭定康登上带有皇家标记的黑色劳斯莱斯，最后一次离开了港督府。

稿件按照交接的"时间线"，对每一个重要节点的描述平实、细腻而有张力，现实与历史有机融合：

晚 6 时 15 分，象征英国管治结束的告别仪式在距离驻港英军总部不远的添马舰东面举行。停泊在港湾中的皇家游轮不列颠尼亚号和邻近大厦上悬挂的巨幅紫荆花图案，恰好构成这个"日落仪式"的背景。

7 时 45 分，开始了今天港岛上的第二次降旗仪式。156 年前，是一个叫爱德华·贝尔彻的英国舰长带领士兵占领了港岛，在这里升起了英国国旗；今天，另一名英国海军士兵在威尔士亲王军营旁的这个地方降下了米字旗。

当然，最为世人所瞩目的是子夜时分中英香港交接仪式上的易帜。在 1997 年 6 月 30 日的最后一分钟，米字旗在香港最后一次降下，英国对香港一个半世纪的殖民统治宣告终结。

在新一天来临的第一分钟，五星红旗伴着《义勇军进行曲》冉冉升起,中国从此恢复对香港行使主权。与此同时,五星红旗在英军添马舰营区升起。两分钟前,威尔士亲王军营移交给中国人民解放军,解放军开始接管香港防务。

0时40分,刚刚参加了交接仪式的查尔斯王子和第28任港督彭定康登上不列颠尼亚号的甲板。在英国军舰漆咸号及悬挂中国国旗和香港特别行政区区旗的香港水警汽艇护卫下,将于1997年底退役的不列颠尼亚号很快消失在南海的夜幕中。

稿件结尾寥寥数语,浓缩百年沧海桑田,彰显历史前进逻辑:

从1841年1月26日英国远征军第一次将米字旗插上港岛,至1997年7月1日五星红旗在香港升起,一共过去了156年5个月零4天。大英帝国从海上来,又从海上去。

六、亮　　度

　　故事有亮度,就更能吸引海外民众眼球。如何使我们讲述的故事"光彩照人"呢? 大致可从 5 个方面着力。

(一)"高光"闪亮

　　对外讲述中国故事,要缘事而发、趁热打铁,尤其要抓住外界关注的"高光事件""高光时刻",浓墨重彩,以"高光"故事有效影响、引导国际舆论。

　　这里说的"高光",包括重大事件、重大活动、重大宣示或宣布、重要政策或举措出台,政治、经济、文化、科技等重大成果或重大突破,热点话题,等等。

　　2021 年 7 月 1 日,庆祝中国共产党成立 100 周年大会在北京天安门广场隆重举行,举世关注。新华社对习近平总书记发表的重要讲话和庆祝活动,进行了及时全面的对外报道,《中共踏上赶考新征程》《中共庆祝百年华诞习近平号召全党以不可阻挡的步伐迈向伟大复兴》《中共百年:改变中国命运》《天安门广场盛况与新中国 70 年奇迹》《一小时里的新中国 70 年》等作品密集推出,在生动细腻的讲述中展现百年庆典的重要价值和重大意义,被美联社、英国《卫报》、英国广播公司、日本共同社等海外媒体广泛采用,在国际舆论场形成传播热度。其中,新华社领导点题策划,记者韩松、孟娜、李志晖等采编的特写《中国共产党庆祝百年华诞》,抓取庆祝大会最具新闻性、时代性的现场细节,以纵深的历史视野串联百年党史,通过一个半小时的庆祝大会,展现出一个世纪来中国共产党领导中国走向繁荣强盛的伟大历程。稿件写道:

世界最大执政党1日用热烈的仪式庆祝了自己的百年华诞。

在被称为中国心脏的北京天安门广场,庆祝中国共产党成立100周年大会持续一个半小时,展现出一个世纪来她把世界上人口最多国家从屈辱劫难领向强盛繁荣的历程。

广场上矗立着党徽,铺着红毯。悬挂巨幅党旗和"伟大的中国共产党万岁"等标语的飞行器,列队从云层下轰鸣飞过。在《义勇军进行曲》的伴奏下升起五星红旗。

近8时,中共中央总书记、国家主席、中央军委主席习近平和他的同事们登上天安门城楼。

毛泽东曾在这里宣告中华人民共和国成立。邓小平曾在这里阅兵。

7万多人来到大会现场,许多人佩戴党徽、挥舞党旗。与会者还包括民主党派、全国工商联和无党派人士,共青团员和少先队员,各行各业以及少数民族的代表等。人们在广场上组成巨大方阵。

身着鲜艳服装的学生们此起彼伏唱起各个时代歌颂党的歌曲。北京农学院大二学生刘彤说:"我们唱的是比我们老几十岁的歌曲,但是因为有新的编曲,我们并不觉得这些歌老。"

天安门一带一个多世纪前是皇宫所在地。它见证了无数历史风云。耻辱的是,1900年八国联军占领北京,皇帝抛下百姓从这里逃走。

习近平在大会上发表的约65分钟讲话中,形容100年前的中国是"一派衰败凋零的景象"。

清王朝因无法应对危机而被愤怒的国人推翻,但人们没能找到民族复兴的出路。中共于1921年应运而生。到今天,中共党员人数由成立之初的五十几人发展到9500多万。

习近平说,100年来,中国共产党团结带领中国人民进行的一切奋斗、一切牺牲、一切创造,归结起来就是一个主题:实现中华民族伟大复兴。

他缅怀老一辈革命家以及牺牲的烈士。他讲人民是历史的创造者,是真正的英雄。他宣告"中华民族迎来了从站起来、富起来到强起来的伟大飞跃,实现中华民族伟大复兴进入了不可逆转的历史进程"。

中共崛起成为世界版图的新坐标。如今在她领导下的中国对全球经济增长贡献率年均超过30%,建立起完善的基础设施,是最大制造业国、最大外资流入国,解决了14亿多人的温饱问题并使他们逐渐富裕,主要健康指标居于中高收入国家前列。

习近平宣告"在中华大地上全面建成了小康社会,历史性地解决了绝对贫困问题",并列举中共取得的伟大成就,称"创造了人类文明新形态"。

习近平在2012年11月担任中共中央总书记。他在2016年的中共十八届六中全会上明确为党中央和全党的核心。他身着灰色中山装,神情毅然,目光深沉,语音雄浑而有力。

他讲到"中国人民从来没有欺负、压迫、奴役过其他国家人民……中国人民也绝不允许任何外来势力欺负、压迫、奴役我们",现场与会者再次爆发出掌声。

稿件随后又将"镜头"拉到庆典活动之外,通过添加背景介绍、海内外人士感受评价等,对主题进行拓展丰富。稿件最后写道:

参加大会的25岁的藏族青年扎西旺堆说,共产党让贫穷山村的孩子不再辍学,让牧民的收入多起来,让村里通了路、有了饮用水。"我也递交了入党申请书。"

　　大会结束时响起《国际歌》。这首一个半世纪前在法国诞生的歌曲写道："从来就没有什么救世主,也不靠神仙皇帝,要创造人类的幸福,全靠我们自己。"

　　庆祝活动延伸到广阔的空间——从中共诞生地上海和嘉兴到革命圣地延安,从改革开放前沿深圳到脱贫不久的贵州村寨,从中国的南极科考站到中国航天员刚刚入驻的空间站……

　　庆祝意味着新的起点。中国共产党团结带领中国人民又踏上了实现第二个百年奋斗目标的新的赶考之路。

　　"高光时刻"是难得的机遇,在报道上自然要尽可能充分地利用"光源"、放大"光照"。如2019年5月在北京举行的首届亚洲文明对话大会,新华社围绕会议主题,组织播发系列对外报道,形成"众星捧月"的格局。既有《文明对话构建更紧密亚洲命运共同体》《书写美美与共的文明互鉴新画卷》等展现大会价值和意义的重头作品;也有不少配合性的鲜活故事,像《长城脚下的中日戏剧师徒情》《在亚洲文明对话大会上与中国古代工艺和现代技术相遇》《是世界性乐器,还是中国民族乐器?——琴声里的"文明对话"》等。这些故事勾勒出一幅"平等、互鉴、对话、包容"的文明画卷。

（二）创意点亮

　　创意就是生产力、吸引力、影响力。我们身处一个创意时代,各种创意奔流不息、潮起浪涌。一方面,要及时讲好这些"创意"故事,让海外受众感受到中国强劲的脉搏、旺盛的活力。如2024年1月借哈尔滨文旅热推出的微视频《这些年,我们喝过的"中国式"创意咖啡》,让人有眼界大开之感。

　　咖啡源于非洲,兴起于西方。在西方社会,咖啡不仅是一种饮品,更是一种生活方式与文化行为。如今,咖啡也成为中国年轻人喜爱的饮品。

而且，随着中国咖啡产业加大对本土口味的探索，"国潮"咖啡成为一种全新的文化现象。上述视频讲述的就是"洋"咖啡与它们独特的"中国伴侣"之间的故事："尔滨冻梨咖啡火了"登上热搜，中国茶与咖啡的相遇丰富了咖啡家族图谱，酱香拿铁使咖啡消费叠加了更多差异化体验。此外，云南的酸角搭配美式黑咖、重庆的新鲜青花椒配奶咖、东北的黑土地大米配金奖咖啡豆……

这类既体现东西方文化交融，也体现中国文化创意的故事，容易引发外媒的兴趣以及海外受众的共情共鸣。我们要对其慧眼独具，敏锐捕捉，展示好人民群众物质生活、精神文化生活中迸涌出的"中国之美""中国之智"。

另一方面，要不断强化思想赋能、调研赋能、技术赋能。创意不是简单的"灵光一现"。它来自深入的采访调研、对故事素材比较全面的挖掘消化，来自比较扎实的理论素养和知识储备，来自艰苦的脑力劳动。

新华社推出的微视频《这六个英文字母，竟然拼出中共成功密码……》，就是一次有益尝试。记者张正富、商洋等对长期在华工作生活的外国人，以及长期观察、研究中国的外国专家采访后发现，他们在谈及中国共产党的成功秘诀时，Plan（规划）、Efficient（高效）、Open（开放）、Pragmatic（务实）、Leadership（领导）、Evolving（革新），是被提及的高频词。"巧合"的是，这几个词的英文首字母组合起来，竟然就是单词"PEOPLE"（人民）。于是，报道团队围绕这个核心创意深入策划，对每一个英文关键词

扫码看新华社客户端《这六个英文字母，竟然拼出中共成功密码……》

进行阐释，并对 6 个单词的首字母"拼"出"PEOPLE"进行整体特效设计和强化，形象而又新奇地诠释"一切以人民为中心"，是中国共产党从胜利走向胜利的根本原因。该系列产品传播广泛。

同时，创意不能仅限于某个点上的"单兵突进"，而应贯穿选题策划、采访

调研、写作制作、表达呈现、播发互动等全链条。每一环节都可以是创意的爆发点。新华社对外部与《瞭望》杂志社 2019 年联合采制的"中国为什么能"系列数据新闻短视频，以数据为牵引，综合运用三维动图、图表模型、创意动画等形态，聚焦普通中国人的生活变迁和体验感受，从《养活 14 亿人，中国为什么能?》《让每个乡村通上公路，中国为什么能?》《移动支付世界第一，中国为什么能?》等不同方面，展现中国人民共享发展成果的中国奇迹。

如《一年收发 500 亿件快递，中国为什么能?》将 14 张(个)图片、动图、动画及相关文字融入 2 分 28 秒的视频，生动展示中国的快递奇迹。视频开头以三维动图抛出令人震撼的数据:2018 年，中国全年快递量超过 500 亿件，占全球一半以上;中国人均使用 36 件快递，连续 5 年保持世界第一。报道随后回答了"快递让中国有了哪些改变"的问题:

扫码看新华社客户端《一年收发 500 亿件快递，中国为什么能?》

> 14 亿多中国人分布在 960 多万平方公里国土上，但是再偏远的农村也可送达快递，农村快递网点覆盖率达到 95.22%。2018 年，中国农村地区累计收投快递 120 亿件，越来越多的农产品被运输出去，城市中的商品被送到乡村，快递支撑工业品下乡和农产品进城超过 7000 亿元。在制造业各领域，每年有大约 9.4 亿件快递，通过快递服务制造业，直接带动制造业总产值约 2269.7 亿元。

视频接着从较高的自动化程度、人力资源优势等多个维度，对 500 亿件快递为什么能够精准送达、中国为什么有便宜的快递服务等问题进行了解读。

这组作品以立意、切口、表现形式等方面的创新，形象直观地阐释"中国共产党为什么能""中国特色社会主义为什么好"，在海外社交媒体平台引发持续关注和热议。该作品入选中国记协融合创新案例。

（三）"名片"做亮

相当一部分外国人对中国知之不多，更不深，但他们却对中国一些已经具有较高国际知名度的人物、事物很感兴趣。说起中国传统文化，他们会想到孔子、功夫、茶等；说起中外贸易会想到义乌、广交会等；说到瓷器会想到景德镇。外媒将这些视为中国的特色"名片"。

长城、黄河、长江等"名片"，流淌着中华民族生生不息的精神血脉，是源远流长的中华文明的鲜明标识。应密切跟踪这些"名片"的变与不变，通过"名片"故事反映中华文明的传承创新、中华大地的时代气象。如对具有2000多年陶史、1000多年官窑史、600多年御窑史的瓷都景德镇，新华社近年来持续跟进报道，播发《景德镇苏醒》《千年瓷都景德镇承载新使命》《"景德镇时区"吸引越来越多陶艺家》《"洋记者"景德镇手记："人生就像制陶"》《千年瓷都成海内外青年"造梦工厂"》等一系列故事。从开启历代瓷窑复建复烧等优秀传统手工技艺的保护传承，到不断演绎出新时代青花传奇故事；从坚守中国瓷业中心的底蕴，到成为引来万千"景漂"包括"洋景漂"的全球陶瓷文化创意交流中心；从昔日产业单一、烟囱遍地的传统城市，到知名的绿色宜居之地的嬗变；从作品魅力到城市气质；从感知陶艺到感悟中国……这些故事展现了景德镇传承与创新、开放与交融的文化自信、时代活力。

需要注意的是，尽管海外受众对中国"名片"相对比较熟悉，但在讲述"名片"故事时，仍要在内容、发稿时机等方面尽可能与海外作一些关联、对比，以增强贴近性、亲和力。像记者王敬中、倪瀚琳、张展鹏等2019年采制的《天人合一、咫尺乾坤：苏州园林的东方魅力》融合作品，对苏州园林作了多方面的中外勾连。如视频中提到，威尼斯旅行家马可·波罗在1276年来到苏州，震撼于眼

扫码看新华社客户端《天人合一、咫尺乾坤：苏州园林的东方魅力》

前所见,称苏州为"东方威尼斯"。来自苏格兰的坎贝尔·麦克格雷戈游历世界多地后,在苏州定居下来。他说,他对苏州园林和苏州闲适的生活情有独钟,并从此找到了"内心的宁静"。报道还把"虽由人作,但宛如天开"的苏州园林与西方园林作了对比,指出西方园林更像是一个艺术画廊,讲究严谨、工整,因而"悦目";而宛如迷宫般的苏州古典园林则更加"赏心"。

除了讲好"传统名片"故事,我们还要着力发现、提炼、展示经济社会文化发展的新标识、新风尚,通过全面、立体、持续的讲述,努力将其亮化为具有时代特色的中国故事"新名片"。如5G、高铁、二维码支付、网购、新能源汽车等,日益受到海外关注和认可,已成为展示中国形象的亮丽名片。

高铁可以说是新华社报道中的"常客"。有的报道讲述高铁"拓展"的故事,像2023年下半年,我国首条设计时速350公里的跨海高铁——福(州)厦(门)高铁正式开通运营,中国企业首次全系统、全要素、全产业链承建的印尼雅万高铁开通运营等。有的报道讲述高铁"进化"的故事,展示中国高铁如何更加高速、智能、绿色的轨迹与奇迹。还有的讲述高铁"担当"的故事,包括高铁在日常给国人带来的快捷方便,特别是在春运等出行高峰期有效保障世界最大规模人口迁移的"主将"风采。有的讲述外国要人与中国高铁"相遇"的故事,如新华社2019年12月播发的记者许咏政、吴宇采写的《萨尔瓦多"80后"总统的中国高铁旅行》,记录了萨尔瓦多总统纳伊布·布克尔一家5口乘坐G7次复兴号准时抵达上海的经历和感受。稿件这样写道:

"高铁时速曾一度达到350公里,真是不可思议。"布克尔向新华社记者分享自己首次乘坐中国高铁的感受。

他饶有兴致地把高铁和一级方程式赛车(F1)做了对比:"F1车手在笔直的赛道上把油门踩到底,时速才能达到300公里。而且为了达到这一速度,他需要数次更换轮胎,全程神经紧绷。而在复兴号上,驾驶员可以与同事交流,在车站停靠,轻松喝杯果汁再出发。"

从北京到上海1318公里,乘坐复兴号仅需4小时28分钟。"这比搭乘飞机还要便捷，中国高铁模式值得世界借鉴。"布克尔说。

（四）"借光"增亮

不管是国内还是国际，重大事件、热点人物、热点话题等自带光环。要强化联系的手法，由此及彼、由远及近地巧妙"链接"，善于"借光"讲故事，有效增强故事的新闻性和关注度。

2022年11月举行的卡塔尔世界杯足球赛举世瞩目。虽然赛场上没有中国队的身影，但和世界杯相关的中国故事还是颇有热度和冲击力，收获了"大流量"。这些故事包括世界杯周边商品七成"义乌造"；举行世界杯开幕式、决赛等的卢塞尔体育场，由中国企业承建；一辆辆满载球迷、五彩斑斓的大巴，很大一部分是来自中国的新能源汽车；世界最大赞助商是中国企业；中国农业科技助力卡塔尔"本地"蔬菜端上世界杯餐桌等。还有一些以世界杯为契机讲的故事，如《这些阿拉伯国家钱币上的"中国建造"》《"白天放牛，晚上踢球"——中国大山里的"足球先生"》等，也讲出了新意，呈现出新亮色，同样引起关注。

"借光"增亮，空间巨大。除"借光"重大事件、热点话题外，重要节点也是很重要的"光资源"，像国庆、春节、丰收节、世界环境日等。据初步统计，每年国内、国际各种节日多达250多个。节日、节庆的文化价值内涵就是唤起共同关注和记忆。在这些重要节点讲述相关故事，自是"恰逢其时""正合众意"。

2023年3月，毛泽东等老一辈革命家为雷锋题词60周年纪念日之际，新华社播发记者白旭、黄泽晨、吴光于采写的《新华全媒头条60年英雄士兵成为经久不衰的榜样》，记者刘畅、谈昇玄、孙仁斌等采制的《中国故事丨"学雷锋"：60年薪火相传与时偕行》等稿件，把雷锋班血脉相传的故事，与泸定地震泄洪英雄甘宇、海外救援队等故事有机融合，生动展现了雷锋精神的深入人心。作者还结合当时热映的《流浪地球2》采访了科幻迷，以及在雷锋故乡做善事的外国人,阐明雷锋精神超越时间和空间,是全人类共同需要的。

新华社记者王东明、曹智、沈锡权等采制的《全球连线｜特别节目:Hi,雷锋!》微视频,以江西财经大学孟加拉国留学生吴迪寻访雷锋之旅为主线,串联起抚顺雷锋纪念馆、雷锋生前所在部队、"当代雷锋"郭明义、南昌雷锋国际志愿者队等,用对外视角"再发现"雷锋。系列报道让海外受众在新的时代背景下与这位中国英雄"相遇""相知",取得了理想的对外传播效果。

扫码看新华社客户端《全球连线｜特别节目:Hi,雷锋!》

（五）"光点"透亮

归根结底,每一个故事都自具"光点"、自带流量。我们讲故事时,要千方百计找到其"光点",让故事透出其独特的光亮,或感动人,或启发人,或激励人。

新华社记者陈振海、赵众志、洪凌2023年11月采写的《大元社:田埂上的艺术课堂》,讲的是2016年返乡创业的刘休和在大学主修艺术的妻子周燕,为湖南省宁远县大元村留守儿童兴办大元社艺术文化交流中心的故事。周燕为内向的小欣怡一个人打开"草坪剧场"所有灯光鼓励她跳舞的情节,让故事光彩四射:

在大元社每年的乡村艺术节上,总有一个靓丽的身影格外引人注目。

她叫欣怡。来大元社之前,她从未发现自己的与众不同,也从未发现自己多么热爱跳舞。

"之前,她从不敢上台,总是说'阿姨我不会,唱得不好'。"周燕说,"我们就想了个办法,带她去没人的地方,对着大山唱。"

艺术节前,周燕又将欣怡单独带到"草坪剧场",为她一人打开所有灯光，鼓励这个既敏感又脆弱的女孩在夜风轻拂中翩翩起舞。那一刻，深藏于欣怡心中的壁垒，被冲破了。她成了一个从自我保护和封闭意识中苏醒的欢乐舞者。

"我就是要让她享受舞台的感觉，就是要告诉她，你是这个世界上最美的舞者。"周燕说。

当欣怡在艺术节上表演的那一刻，身患癌症的爷爷出现在人群中。"他原本以各种理由，怎么也不肯来，但我还是在人群中一眼就认出了他。"那个瘦削的身影，双肩微微颤动，眼角闪过晶莹。

"这些孩子，他们需要支持，就去支持吧；需要鼓励，就去鼓励吧；需要拥抱，就去拥抱吧！"周燕说，艺术应该带给他们的，就是释放的真我、点燃的信心。

2018年起，大元社乡村艺术节连续举办了6年，所有的节目策划筹备、演出现场布置、服装道具设计等都是孩子们自己完成。他们用不同的艺术形式展示自我，与外界对话。那一刻，孩子们的创造力和想象力有了载体，他们都找到了属于自己的价值。

故事的"光点"多种多样，比如人性之光、文明之光、科技之光等。要用心把故事的"光点"与海外受众的兴趣点、共鸣点有效对接。

新华社记者陈子薇、姚远等2020年10月采写的《海南长臂猿——灵长类歌者登上更大的森林舞台》，以"音乐"元素让读者饶有兴趣地"初识"长臂猿。稿件开头部分写道：

一开始听上去像是口哨或鸟鸣，几分钟后，独唱变为合唱，旋律让人想起圆舞曲《蓝色多瑙河》。

每天早上6点左右，猿鸣响起，唤醒了位于中国热带岛屿省份海南的原始雨林。对生态保护者来说，这些鸣叫声标志着一群长毛"男高音"和"女高音"的回归：海南长臂猿。

海南长臂猿是世界上最稀有的灵长类，由于生态环境的改善，其

数量在不断增加。海南省林业部门的最新数据显示,当地如今有 33
只长臂猿生活在 5 个家庭群中,数量比 20 世纪 70 年代增长了 3 倍。

稿件随后以扎实的数据、生动的例子,展现出当地为保护长臂猿付出的艰
苦努力:

为了保护长臂猿免于灭绝,当地政府在 20 世纪 80 年代建立了
霸王岭自然保护区,并开展造林运动。自 2005 年以来,海南林业部
门已种植超过 30 万棵树,为长臂猿提供食物。

2014 年,台风"威马逊"导致长臂猿的栖息地出现大面积山体滑
坡。动物学家、香港嘉道理农场中国保育部门主管陈辈乐博士说,研
究人员建造了一座装有红外摄像机的绳桥,让长臂猿可以安全通过
由山体滑坡造成的 15 米宽的滑坡区。

起初,长臂猿对这座绳桥心存戒备。一些好奇的长臂猿在绳子
上向前走了几米,又返回来,第二天又试着再往前多走一点儿。终
于,在绳桥建成 176 天后,摄像机记录下了它们第一次过桥的画面。
研究人员说,现在,长臂猿经常利用这座绳桥在这一带活动。

这样的报道就有"光点"效应,容易打动人。

七、角　　度

　　讲故事要有好角度、巧角度。横看成岭侧成峰。不同的视角会产生不同的叙事，讲出不同的故事。

　　突尼斯信息部部长马斯穆迪就曾抱怨说，西方跨国媒体只向发展中国家发送已被处理过的新闻，即经过过滤、删减和扭曲的新闻，从而将自己的视角强加给发展中国家。

　　显而易见，角度体现立场、价值观，角度里有认识论、方法论。我们讲中国故事，首先要坚持中国视角，这是主流视角。同时，应细化和丰富观察事物、分析问题、讲述故事的多元视角，积极探索和运用看得准、看得深、看得远、看得新的视角，帮助海外民众全面、正确认识中国。具体说来，应重视和强化以下4个视角。

（一）平视视角

　　从近代百年屈辱中走来的中华民族，在中国共产党领导下，已赢得空前的历史主动、精神主动、战略主动。而今，中国人可以平视这个世界了。与此相应，我们对外讲述中国故事，就要以平视的视角、自信的心态，清晰地打量，客观地展现，平等地交流。

　　2023 年举行的杭州第 19 届亚运会上，中国队荣获 201 枚金牌、383 枚奖牌,遥遥领先于其他国家。新华社的报道对此自然重点关注、全面覆盖,但并没有"金金计较",更不会"得意忘形"。而是同时浓墨重彩地展示中国大力弘扬中华体育精神和构建人类命运共同体理念,充分报道举办杭州亚运会的重要意义、办赛理念、特色亮点,生动展现各国运动员拼搏精神,集中反映主办城市独特韵味和我国经济社会发展成就,展现可信、可爱、可敬的中国形象。

《吉祥物接力:中国风亚运会向世界传递"爱达未来"的讯息》《五千年前的中国古代玉器成为杭州亚运会重要文化元素》《杭州"亚运风"托起"中国范"》《"简约亚运"背后的别样精彩》等报道,赢得海内外受众的积极评价。新华社记者刘敏、屈凌燕、林光耀采写的《简而不凡　引领风尚——"简约亚运"观察》,让受众感受到扑面而来的简约之风和中国办赛的自信:

> 千岛湖畔,淳安界首体育中心自行车馆像一颗浮出水面的明珠熠熠生辉,阳光透过屋顶玻璃洒在木制赛道上,动感十足。拼接起赛道的374片赤松木板都是租借而来,节省了约900万元。

> "这些座椅已经'17岁'了。"在杭州电子科技大学体育馆里,校园建设管理处处长蒋叠峰说。这座由大学体育馆改造成的亚运会击剑及亚残运会轮椅、击剑两项赛事比赛场馆,在前期评估中,2套电子显示屏设备和座椅得以保留。现在,场馆内约5000个老旧座椅已洗刷一新,构成一片蓝色海洋。

> 能改不建、能借不租、能租不买——这是杭州亚运会场馆的建设原则。

节俭办会,却又简而不凡:

> 杭州奥体中心游泳馆的池水看似不更换却时时干净清澈,得益于藏在游泳馆地下的水循环系统;导光管通过顶部的采光罩,将室外的自然光漫射至室内,不仅节能且光源稳定自然。杭州奥体中心体育场"大莲花",安装437台环境感知硬件设备,实现馆内温湿度等智能调节……

针对大型综合性运动会的场馆赛后利用这一国际性难题,杭州在统筹满足比赛的要求这一"上半篇文章"和赛后的可持续利用"下半篇文章"上下足功夫:

杭州丰北路上,几幢红白相间的建筑原本是一所小学,现在是运动员村餐厅。按照"可逆施工"方案,赛后拆除临时增加的部分设施就可恢复原有校舍。

无独有偶,运动员村内一处独具匠心的江南风格院落,赛后将变身幼儿园,让孩子们充分感受中华优秀传统文化的魅力。

绍兴柯桥羊山攀岩中心将承办杭州亚运会攀岩项目比赛,形似"蚕茧"的半开放式设计将景色尽收眼底。中心总设计师黄会明介绍说,赛后这里不仅可以作为国际赛场,同时也是青少年攀岩研学基地,还可作为时尚产品发布会、音乐会、演唱会等活动的多功能场地。

一批运动场地正见缝插针地"嵌入"市民生活圈。在绍兴鉴湖足球场,今年以来,球场已接受41场次、超1500人次的球队免费进场运动,持续深化亚运惠民。

与此同时,"节俭亚运"、简约生活也成为一场"全民行动":

有防水功能的环保面料制成的洗漱包、麦秸秆材质的衣架、餐厅里可降解PLA材质的刀叉勺以及稻壳材质的餐盘和碗,深受欢迎。运动员可以在房间扫描二维码进入"云上亚运村",通过查看系统首页的"低碳账户",得知低碳积分和碳减排量等信息。亚运村里,"村民"的每一次低碳行为,比如光盘行动、无塑料袋购物等,都可以获得相应的低碳积分。

为深化全域"无废城市"建设,创新打造大型赛事"无废模式",浙江省专门印发方案,要求杭州亚运会期间亚运村人均餐厨垃圾产生量较同规模赛会减少20%以上,特许商品、场馆装饰品中可回收(再生)材料比例达到70%。

再如记者李柯、商洋等采制的《新华社记者说｜亚运会要开幕啦！跟"洋记者"一起感知杭州魅力》，在海外社交媒体平台发布后，浏览量突破1580万次，互动量超13万次。视频将杭州西湖、电商直播间、西溪湿地、科创园、良渚古城遗址、亚运会高科技场馆等不同地点和场景巧妙融合，多角度展示杭州的历史底蕴、人文风情、高新科技、经济发展和生态建设等特色元素，向海外受众宣介杭州亚运会办赛理念和亮点。优兔网友@ makuohua3071看了视频报道后发帖说："非常好的关于杭州古代文化与中国文明的报道。有古有今，有旅游，有亚运会，有历史，有发展，有美景，有细节，是毫无疑问有观赏性的视频报道。16天的时间足以让运动员了解杭州的重要性。"

扫码看新华社客户端《新华社记者说｜亚运会要开幕啦！跟"洋记者"一起感知杭州魅力》

平视视角既体现在看中国，也体现在看世界。看中国，既不妄自菲薄，也不妄自尊大，自信从容，求真务实；看世界，既不仰视发达国家，也不俯视欠发达国家。

新华社记者李娜、倪元锦2020年9月采写的《一位非洲大使的直播"带货"初体验》，讲述的是卢旺达驻华大使詹姆斯·基莫尼奥的直播故事：

1月份，基莫尼奥参加了一场直播助农活动，与一位淘宝主播一起介绍卢旺达咖啡品牌"大猩猩"咖啡。起初，他对直播卖货这种方式并没有太大期望。"在短短5分钟之内，我们准备的2000包咖啡就全部卖光了，这让我太吃惊了。"他对记者说。

第一次直播经历，让基莫尼奥切实感受到中国市场的规模和电子商务的巨大魅力。

在卢旺达，每30个人就有1人以咖啡种植业为生，而农业约占卢旺达国内生产总值的三分之一。新冠疫情期间，卢旺达咖啡在全球销量锐减。为了帮助卢旺达农民和小微企业渡过难关，基莫尼奥

113

第二次走入直播间"带货"。这次活动共吸引 1000 万名网友观看，3000 包咖啡在一秒之内就被抢购一空。

此后，基莫尼奥开启了直播模式。除了咖啡外，他还为辣椒酱"站台"，并介绍本国的旅游风光。

卢旺达是非洲小国。这一报道体现出中国一贯秉持的大小国家一律平等的理念和处"世"之道，以及中国人民开放包容、美美与共的文化心态。

有意思的是，梳理 10 多年来外媒的涉华报道，我们发现，西方媒体看待中国的视角，也在不断变化，只不过变化的大致方向是——由过去的俯视变成平视，并交织着敌视。在它们的一些报道中，中国从曾经的气候变暖的"罪魁祸首"，变成了应对气候变化的"领军者"；从"山寨的摇篮"变成了"创新的国度"；中国车企从"模仿者"变身为"引领者"。同时，"中国威胁论"花样不断翻新，甚嚣尘上。中西方相互视角和心态的变化，折射的是国家综合实力和国际影响力的升降。

平视消弭隔阂，拉近距离。这里转引一篇关于"倾听"的文章，表明在中美关系面临诸多困难、挑战的形势下，美国一些有识之士也期待推崇"倾听""平视"。美国《纽约时报》网站 2023 年 10 月 7 日刊登题为《对美国和中国来说，首先要倾听》的文章，作者为美国歌剧演员、美国全国艺术基金会高级顾问卡拉·季尔利科夫·卡纳莱斯。文章写道：

中国有个词叫"知音"，用来形容最了解你的人。第一个字的意思是"知道"或"了解"，第二个字的意思是"音乐"。这个词包含着巨大的力量……

最近在中国东南部的一次巡回演出期间，我了解到"知音"的概念。我 10 多年来多次前往中国演出，并担任美国国务院的艺术特使，但之前没有听过这个词。对美中两国来说，该词蕴藏的潜力触动了我。

我的老师叫黄益成（音），是福建省的一名 8 岁男孩，住在一个山区小镇。在我和同事、其他外国艺术家穿过小镇时,他带着笑容从门口警觉地注视着我们。

他母亲把我迎进他们的住所。我们聚集在饭桌边,我和这个新结识的年轻朋友聊天。我只能说最简单的普通话,但他的英语出人意料的好,我建议我们保持联系。益成握着我的手,热情地答应了。

在我们即将离开的时候,益成找到我们的大巴,给了我一个小礼物——这个村子的石膏复制品。他说,因为我是歌剧演员,他希望我可以成为他的"知音"。

在接下来的旅程中,当在厦门与94岁的著名指挥家和教育家郑小瑛会面时,我明白了"知音"的真正含义。我为她演唱了我们都喜爱的歌剧《卡门》中的一段,她也用普通话给我唱了一段。音乐和艺术让我们可以歌颂我们共同的人性。

虽然中国和美国可能看起来相距遥远,但我们的未来深深地交织在一起。美国人必须努力了解中国人的希望、梦想和愿望。

2020年9月22日《自然》周刊网站发表的题为《中国科研人员拥有全世界需要倾听的宝贵经验》的文章,也持类似观点。文章称,中国在研究如何在发展经济和控制物种及生态系统损失之间找到平衡方面积累了数十年的经验。全世界有必要倾听这些故事,充分了解其中的复杂性。

正如英国东亚委员会秘书长、公共外交和中国问题专家麦启安所强调的,中国声音需要被认真倾听和广泛传播。要做到这一点,讲好中国故事是关键。

我们对外讲述中国故事,就是要坚持认真"倾听"海外需求与关切,以平视的视角、平等的态度、平实的语言,吸引、推动国际社会认真地"倾听""对话"。

(二) 具象化视角

西方人书写地址的顺序与我们正相反:房号、街道、市区、城市、省州、国家。由小到大，从具体到一般，是西方人的思维方式和阅读习惯。美国著名中国问题专家库恩指出，大部分西方人习惯于有叙述、有故事、有价值观层面的讲述方式。我们讲述中国故事，要顺应海外民众的接受习惯，多从具象化视角切入，以小切口反映大时代，用小故事诠释大主题。

"一带一路"倡议是中国推动构建人类命运共同体的重要实践载体，是广受欢迎的全球性公共产品。2023 年，"一带一路"倡议提出 10 周年之际，配合第三届"一带一路"国际合作高峰论坛举办，新华社推出一组"一"字系列故事，包括《一股追风逐日的"绿色能量"》《一包虾滑背后的"双园"故事》《一枚"种子芯片"的跨洋之旅》《一场穿越历史的共同追寻》《一粒中国稻米的非洲味道》《一朵棉花承载的坚守与梦想》等。这些故事以小见大，直观、生动地展示出共建"一带一路"取得的丰硕成果、散发出的全球魅力。"一带一路"共建 10 年间经历了从"大写意"到"工笔画"的跨越。这些报道可以称为讲述"一带一路"故事的小幅"工笔画"。

像《一支驰而不息的"钢铁驼队"》，讲述的是中欧班列的故事，表明中欧班列不仅为共建"一带一路"国家的内陆城市提供了更便捷的物流条件，也为企业降低了资金风险，完善了物流链条，带来更多利润。稿件写道：

家住西班牙马加拉的胡安·卡洛斯在电商平台速卖通上下单了一款产自中国的吸顶灯，第二天，快递员便按响他家的门铃，将产品送到他手上。

"太惊喜了！物流时效快得超乎想象！"胡安·卡洛斯评价道。

这款吸顶灯由位于西班牙阿尔卡拉的千象盒子物流仓发出。在此之前，它从中国广东经陆运到达西安，再乘中欧班列经过 20 天到达物流仓，同其他 10 万余种产品一样，被运送到欧洲各地的消费者手里。

这种极速的购物体验，得益于已运行 10 年之久的中欧班列带来的物流红利。2013 年，中国提出共建"一带一路"倡议。中欧班列作

116

为丝路上的"钢铁驼队"驰而不息。10 年间,中欧班列联通中国境内 108 个城市,通达欧洲 25 个国家的 208 个城市。

具象化,不是小来小去、浅来浅去,将视角仅仅停留在表面;而是要以小见新、以小见深、以小见远,努力看深一层、看远一程,追求"窗含西岭千秋雪,门泊东吴万里船"的视角、视野和境界。

新华社在西藏自治区成立 50 周年之际播发的《西藏活佛的一天》,就是以具象化视角讲述西藏故事的一篇力作。记者黄燕、多吉占堆、边巴次仁、周舟等跟踪当年 18 岁的达隆寺夏仲活佛一天的活动,记录下他从早上离开其正在学习的西藏哲蚌寺、赶回 140 公里外自己的寺庙处理事务的过程,以白描手法,用丰富的事实和大量的细节,生动反映藏传佛教现状、活佛转世制度、西藏经济社会发展变迁等涉藏重大主题,巧妙而有力地回应了海外关切。如稿件写他在哲蚌寺的学习及生活,让读者鲜活、直观地感知到一位活佛是怎样成长起来的。稿件写道:

在哲蚌寺,夏仲活佛的课表从周一排到了周六。

一天的学习从 6:30 背诵经文开始,早餐后的整个上午都上课。下午 14:30 至晚上 19:30 则以辩经、学习文化知识和听经师讲课为主。半小时的晚餐后,是两个半小时的辩经。到 23:30 睡前,他还要花半小时到一小时复习佛经或文化知识。

进入哲蚌寺学经,夏仲活佛是从般若学开始的,"相当于小学一年级没上就跳级到六年级"。这也是他学经生涯"最困难"的阶段,理解不是问题,主要是背诵。

他说,克服困难的过程"就是一种修行"。

"那时,每天 5 点左右起床,凌晨 1 点才睡下。"如此连续 3 个月,夏仲活佛赶上了进度。

政府专门为他配备了初、高中文化课老师,教授语文、英语、历史等。

夏仲活佛用普通话说，自己对这些课都很感兴趣。

夏仲活佛的微信签名是用英语写的"最幸福的人们"。他说，不仅英语，其他外语也想学，将来传授佛法就有方便之道。

尽管绝大部分时间都在学习，夏仲活佛也有自己的业余爱好：看书、写散文、打篮球、听音乐。

小时爱看《格林童话》和安徒生童话故事的他，现在喜欢纪伯伦的散文、泰戈尔的诗歌和海伦·凯勒的《假如给我三天光明》。

因为酷爱诗学，夏仲活佛自己也写，"非常喜欢用藏文或汉文写散文"，特别是抒发心情和描写大自然的诗文。

星期天不上课，夏仲活佛会去打球。

"两周打一次，每场必到。"他说，"打球的活佛只有我一个。"他对此的解释是，可能其他活佛年龄比较大吧。

穿24号球衣的夏仲活佛打的是组织后卫，即全队进攻的组织者。这个位置要求球员具有良好的传球技术和敏锐的观察力，通过精准快速传球，为队友创造得分机会。他在达隆寺也扮演着这样的角色。

达隆寺曾有3位活佛，一位早年去了国外，一位于2006年圆寂。作为达隆噶举法统的主要继承者，夏仲活佛早早挑起了主持寺院的担子。

虽然笃信佛教"时间也是空性"的理念，但喜欢音乐的他听了《时间都去哪儿了》后，还是感慨"即使作为一个活佛，时间也不会等我"。

"我担心自己没有学好就离去了。要学的太多，时间不够用，所以要怀有一颗无常心，抓紧每分每秒。"

值得一提的是，西方媒体普遍对具象化叙事与宏观叙事紧密结合、由具体到一般的表达方式运用得非常娴熟，值得借鉴。当然，他们"推导"出的结论、隐含或表达的观点往往体现的是西方的"政治正确"。

（三）建设性视角

建设性视角，即问题导向视角。坚持问题导向、秉持底线思维，是党治国理政的一个突出特点，也是中国人的重要思维方式和行为特质。中国革命、建设、改革的成功，就是坚持问题导向和效果导向的辩证统一，在直面问题、攻坚克难中蹚新路、开新局。中国在强国建设、民族复兴新征程上不可避免地面对不少"成长的烦恼"。党奋力推进全面深化改革，就是旨在破除阻碍现代化建设的体制机制障碍，进一步赢得战略主动、历史主动。

美西方媒体更多地秉持负面思维、猎奇心态、找茬心理。事实上，美西方传媒界一些有识之士也痛感这一现状的严重负面效应，提出"解困新闻学"（solution journalism）理念，强调将新闻关注点从报道社会问题转到寻找解决社会问题之道上。

建设性视角正是中国新闻界一直践行的报道理念，也标识了我们的新闻观与西方新闻观的显著不同。英国传播学者达雅·基山·屠苏在所著《国际传播：沿袭与流变》一书中指出，近几十年，中国在非洲大陆的影响力不断增强。这正在推动一种新型新闻——建设性新闻。非洲由此在国际媒介中的形象也发生了大改观。这种新闻与由美国主导的西方媒体所使用的批判性新闻形成对比。

首先，以建设性视角讲述中国故事，就是要对着问题去、带着答案出。不回避问题，不躲避矛盾，展示事非经过不知难的过程与体验，揭示破解问题之道、事物发展之效。而不是像不少美西方媒体那样单纯问题"靶向"，"手里有锤子，看什么都是钉子"。

新华社记者叶挺、艾福梅、白㛃2023年9月采写的《中国加强黄河生态保护恢复》，就较好体现了这一特点。稿件写道：

宁夏中卫市沙坡头区镇罗镇胜金村党支部书记王若兰 2019 年底成为河长后,面临的一大难题就是如何劝阻村民不在黄河河心滩地种植农作物。河心滩地种植的农作物不但威胁黄河行洪安全,还潜在地破坏了黄河生态系统。"都种了很多年了,让村民直接放弃肯定很难,只能反复劝说,告诉他们河心滩地本就不是耕地,划船过河种地很危险。"她说。

王若兰还带领村干部在大冬天帮村民收割河心滩地的玉米,最终得到村民的认可和理解。如今,这片上千亩的河心滩地已经恢复了自然地貌。

"黄河是我们的母亲河,既然从胜金村通过,我们就有责任保护好它。现在,水也清了,岸边垃圾也少了,老百姓来黄河边转悠的也多了。"王若兰说。

稿件提到黄河一直是在"负重前行"。数据显示,水资源总量仅为长江 7% 的黄河却承担了全国 12% 的人口、17% 的耕地、50 多个大中城市的供水任务,水资源利用率高达 80%。稿件就此写道:

"有多少汤就泡多少馍"成为共识。中国坚持以水定城、以水定地、以水定人、以水定产,把水资源作为最大的刚性约束,推进水资源节约集约利用。

一辈子习惯"大水漫灌"的宁夏农民尹国胜,也正在努力适应新的灌溉方式——滴灌。肥料和黄河水通过一根根黑色的管子,流向每一株玉米苗。

尹国胜家住宁夏吴忠市,黄河穿城而过。曾经,黄河水想怎么用就怎么用,但这些年淌水越来越难,让他对"黄河水可用水量愈发紧缺"这个事实有了真切的认识。于是,在当地政府的支持下,他给流转的 250 多亩地安装了滴灌设施。

"有了滴灌设施后,玉米明显长得好了。我仔细算了一下账,产量增加多卖的钱加上省下的水费、人工费等,扣除买滴灌管的成本,每亩地多赚两三百元。"尹国胜说。

其次,建设性视角意味着"去完美化"。故事太完美就不可信。是否有痛点,是故事能否吸引人的一个重要因素。我们心中要始终装着中国既是世界第二大经济体,又是全球最大发展中国家这一基本国情,平衡地讲故事,讲成绩的同时也讲不足,讲进展的同时也讲挑战。

2030 年前二氧化碳排放量达到峰值,2060 年前实现碳中和。这是中国基于推动构建人类命运共同体的崇高追求和实现可持续发展的内在要求作出的重大战略决策。2021 年被专家称为"中国走向碳中和的'元年'"。新华社播发记者孟凡宇、高静、程云杰采写的题为《中国走上一条符合国情的低碳之路》的年终报道,系统盘点中国坚定履行承诺取得的进展、成就和经验,包括中国发布碳排放达峰与实现碳中和顶层设计文件以及 2030 年前碳排放达峰行动计划,出台能源、工业、建筑、交通等重点领域和煤炭、电力、钢铁、水泥等领域的具体实施方案,推出科技、碳汇、财税、金融激励等配套措施,建立全国碳排放交易市场等。

报道对面临的巨大困难和挑战也作了客观的陈述:"中国'碳承诺'履行起来并不容易。这意味着中国将在 30 年内从碳峰值到碳中和,这比发达国家所需的时间要短得多。这需要付出艰苦的努力。"对工作中出现的问题也没有回避:"中央财经委员会高级官员表示,'运动式'的碳减排,导致了全国部分地区的电力紧张甚至停电,这与中央政府的要求背道而驰。"并实事求是地指出:"今后一段时期,煤炭仍将是中国的主要能源,中国将加强煤炭的清洁高效利用,提高新能源吸收能力,进一步优化煤炭和新能源利用。"

这样客观平衡、并不一味"凯歌高奏"的报道,更能让国际社会理解中国履行承诺的真诚和付出的艰苦努力。

（四）他者视角

他者视角一般指当事人、直接利益攸关方之外人士的视角。这里重点讲的是外国人看中国的视角。以外国人的视角讲述中国故事，也就是我们常说的"借嘴说话"，可以使中国故事更有效抵达海外受众。

首先是外国人的身份和面孔，使其讲述的故事在海外受众看来更具"客观性"；其次是相同或相似的思维方式、文化背景及地道的外语表达，使其讲述的故事对海外受众而言更具"亲近性"；最后是外国人视角往往会在我们习以为常的事物上看出"新奇性"。当然，前提和基础是其所见所闻所感所思是客观真实的。

埃德加·斯诺 1936 年 6 月至 10 月在我国西北革命根据地进行的采访报道，无疑是这方面的经典案例。《西行漫记》第一次向世界展现了中国共产党领导的革命根据地的真实情况，让国际社会了解认识了毛泽东等中国共产党领导人和红军将士，看到了中国的光明和希望。

我们应把党开展外宣工作的这一宝贵经验发扬光大，让丰富的他者视角汇聚成讲好中国故事独特而引人的"他力量"。

2023 年全国两会前夕，新华社推出视频作品《时政科普：中国两会为何如此重要》，由 3 位外籍记者共同出镜，用海外受众听得懂、听得进的语言，讲述中国式民主的故事。如在谈到中国的人大代表与美国议员的区别时，外籍记者在节目中说："在美国，议员主要是律师、医生、公司高管；而中国的人大代表，有很多来自基层，如工人、农民、快递小哥和一般的管理人员等。与美国议员相比，中国的人大代表更具代表性。"这一视频被美国 CNN 晚间黄金时段新闻节目选用。

新中国成立 70 周年之际，新华社推出记者王敬中、张正富、商洋等制作的"新中国从这里走来"5 集系列报道，在海外引发积极反响。海外社交媒体平台阅读量超过 2000 万次,互动量 140 万次。

系列微视频由英国籍记者海伦·本特利出镜。她先后探访中共一大会址、嘉兴南湖红船、红军长征出发地江西于都、革命圣地延安和西柏坡以及北京天安门广场。外籍记者以体验式报道和小切口故事,巧妙铺展开新中国 70 年取得举世瞩目成就的宏大叙事。外籍记者实地探访上海的特斯拉超级工厂,呈现中国改革开放巨大成就的一个缩影;与嘉兴农民对话,体现中国人民共享发展成果的道路优势;以井冈山脱贫故事反映中国 7 亿多人摆脱贫困的壮举;讲述的瞿秋白之女瞿独伊的感人故事,体现中国共产党红色基因的传承和对初心使命的坚守。

扫码看新华社客户端"新中国从这里走来"《新华社记者说 | 走过一万里"洋记者"在天安门广场见证梦想再次起航》

每一集作品都有外籍记者本人或者外国权威专家对中共党史和新中国史较为深入的思考。如在第一集中,海伦来到上海兴业路 76 号原法租界的一个幽静小院。当她推开中共一大会址的大门,黑白影像将观众带回那个十里洋场、租界林立的旧上海,从视觉上给观众带来强烈震撼。听完现场解说后,海伦在节目中感叹道:"这个当时看似并不起眼的会议,从根本上改变了中国。98 年前,中国共产党人确立了当时看似无法完成的使命——实现中华民族伟大复兴。上海,曾经的外国租界如今已成为全球金融中心和科创中心,正在见证这一伟大梦想的实现。"在第二集中,她在深入了解红军长征的壮举之后发出感慨:"长征锻造了中华民族的独特气质……依靠长征精神,中国共产党领导了一场世界上规模最大的脱贫攻坚战……有了这种精神,中国必将能走好新的长征路,中国未来发展不可限量。"

除了像外籍记者这样的报道通篇采用他者视角外,我们自己讲述的故事,也要注意充分参考和引入他者视角,既丰富故事表达,也增强报道的针对性和说服力。

新华社 2022 年 3 月播发的特稿《14 亿人的追求——从两会看"中国梦"

新征程》,展示和阐释的是"透过两会,中华民族伟大复兴,这一 14 亿中国人最深沉的追求,变得愈加清晰与光明"。稿件引入外媒的视角,如"中国两会是以'中国式民主'助力破解'中国式问题'";引用外国学者观点,如"英国学者马丁·雅克认为,中国提供了一种'新的可能',开辟了一条合作共赢、共建共享的文明发展新道路。这是前无古人的伟大创举,也是改变世界的伟大创造"。这些视角、评价有效丰富和拓展了报道主题与视野。

中国的综合实力和国际地位,决定了我们"坐拥"丰富的他者视角资源,如关注中国的外国政界、工商界、文化界、媒体界等人士,各领域的专家学者,长期在华工作生活的外国人,来华旅游的外国人,外国留学生,外国网红等。应善加挖掘利用,让我们讲述的中国故事异彩纷呈。

需要指出的是,这里提到的几个视角只是为了表述方便。在具体写作、制作时,可以而且应该几个视角并用,或一个视角为主、其他几个视角为辅,这样讲出来的故事就会更加立体、真实,更有新意。

八、跨　　度

向海外受众讲述中国故事,内在地决定了讲故事必须有跨度。

(一) 跨国界

人们对国际传播的定义就是"跨越国界的传播"。这就要求不能自说自话、自拉白唱,而必须在增强中国故事与海外受众的关联度、相通性上下功夫,让讲述的中国故事激起其他国家受众的兴趣、好奇,进而引发共鸣、认同,具体可从3个"点"上发力。

首先是中外利益交汇点。中国作为世界第二大经济体,是全球经济增长重要引擎,持续为世界发展提供中国动力、中国机遇。10多年来,中国经济增长对全球经济增长的贡献率连续保持在30%左右。货物贸易总额近年连续位居世界第一,已经是140多个国家和地区的主要贸易伙伴。中国与世界经济、科技等交流合作不断拓展深化,在复杂多变的国际环境中,日益成为双赢、多赢、共赢的发展共同体。可以说,"交汇"的故事俯拾皆是。

新华社记者马欣然、毛振华、宋瑞2023年12月采写的《从2023年"展会热"看外企追赶中国机遇》,展现了中外企业竞合、共进的生动局面:

> 十三次参加广交会、六赴进博之约、首登链博会……美资企业霍
> 尼韦尔的中国总裁余锋用"马不停蹄、收获颇丰"来形容2023年参

展之路。

他称"追会"动力在于结交新伙伴、找寻新商机，更源自对中国经济发展前景的信心。

"20年前将亚太总部迁至上海时，我们就已将中国市场视为感知世界经济冷暖的'第一视觉'和'第一触觉'。"余锋说，公司今年在展会上签订的近10项合作项目正在稳步推进，已提前锁定明年进博会、广交会席位。

和霍尼韦尔一样，越来越多的在华外企将追赶活力无限的中国机遇视为"正确的选择"。

进博会参展世界500强和行业龙头企业数均创新高，中非经贸博览会企业对接项目数量达历届之最，服贸会吸引2400余家企业线下参展，第一期广交会线下出口成交223亿美元……作为观察中国经济的重要窗口，2023年中国展会，经济热流涌动。

"中国已经成为全球会展业排名前三的国家，会展业将继续保持快速增长，我对此非常乐观。"国际展览与项目协会总裁兼首席执行官大卫·杜佰德说。

"外企追会的热现象，是中国开放决心带动全球经济信心的生动案例。"商务部国际贸易经济合作研究院副院长、中国会展经济研究会会长曲维玺说。

稿件随后进一步讲述了中国推进高质量发展、扩大高水平对外开放给世界提供的重大机遇、广阔市场。

同时，鉴于中国的地位和角色，中国做好"自己的事情"本身就是对世界的重大贡献。要转换视角和叙事，坚持国家站位、全球视野，使地方新闻全国化、中国新闻全球化。

如在报道2023年夏粮丰收时，新华社对外部的编辑将分社来稿标题由原来的《中国夏收注重降耗减损》，调整为《中国夏粮丰收对饱受通胀困扰的世界意味着什么》，并据此补充、改写稿件内容，从而增强了与海外受众的相关性。

稿件首先呈现中国夏粮丰收景况：

在中国北部山西省新绛县王村附近的一块田地里，齐膝高的小麦在风中摇曳。在一阵收割机的轰鸣声后，六七百亩金黄色的小麦在几个小时内就被收割完毕。

"这块最后收割的麦田亩产预计超过 1200 斤。"农民晁贞良说，"又是一个丰收年。"

农业农村部数据显示，截至 6 月 19 日，中国已收获冬小麦面积约 3 亿亩，进度过九成，小麦主产区大规模机收进入尾声。

"从整体情况来看，今年夏收形势比较乐观，夏粮'二十连丰'已经近在咫尺。"中国农业科学院农业资源与农业区划研究所研究员姜文来说。

稿件接着讲述中国夏粮丰收对世界的意义：

夏粮占中国粮食产量的四分之一，夏粮丰收为中国全年粮食安全奠定了坚实的基础，也为饱受通胀折磨的世界注入信心。

欧盟统计局此前发布的数据显示，欧元区 4 月的通胀率达到 7%，土耳其、阿根廷等发展中国家 2022 年的通胀率更是达到几十年来的最高值。

通货膨胀显著影响了普通人的日常生活。美国消费者新闻与商业频道（CNBC）在 6 月 14 日发布的一项超过 4400 名美国成年人的调查显示，十分之九的美国人在削减开支。

粮食是全球商品链条的最上游。粮食价格的上涨可能向其他商品传导，从而进一步影响全球通货膨胀。

"全球粮食生产仍被不确定性笼罩着，但作为全球粮食生产和消费的第一大国，中国夏粮丰收无疑增加了确定性。"联合国粮农组织驻华助理代表张忠军说。

"占世界人口近五分之一的中国粮食供应充足、市场稳定，就是对平抑世界通胀的巨大贡献。"张忠军表示。

姜文来还指出，作为"世界工厂"，中国粮食生产稳定了社会商品价格，从而让全球更多人口能享受到买得起的中国商品。

稿件最后介绍了中国为确保粮食丰收采取的系列措施和付出的巨大努力。这样，就把一个国内选题做成一个国际化选题。

其次是共同关注点。抓住国际社会聚焦的重大议题，从解决各国人民面临的共同难题、突出问题角度，如发展赤字、和平赤字、安全赤字、治理赤字等，去讲述中国故事，让中国故事提供中国智慧、中国方案，回答世界之问、时代之问。

生态环境气候变化是世界面临的重大挑战。2023年4月5日中国植树节，新华社播发记者张文静、陈雍容、周文其采写的《中国持续增绿为世界交出"绿色答卷"》，引发积极反响。稿件提到，党的十八大以来，中国每年造林面积都在1亿亩以上。从1982年植树节开始至2021年12月，中国适龄公民累计有175亿人次参加义务植树，累计植树781亿株（含折算）。

稿件讲述了一个个生动的植树故事。中国不断创新义务植树方式方法，"互联网+全民义务植树"全面推开。曾经"黄沙遮天日，飞鸟无栖树"的塞罕坝，经过一代又一代务林人的努力，如今已建成百万亩人工林海，成为世界上面积最大的人工林。甘肃省八步沙林场三代人40多年来先后完成治沙造林超25万亩，管护封沙育林草面积43万亩，压沙造林与培育沙产业、发展生态经济结合，实现经济效益和生态效益双赢。

稿件最后展示出中国植树对世界的重大贡献：

中国是全球"增绿"的主力军。数据显示，2000年至2017年间，全球新增绿化面积中约四分之一来自中国。

英国《自然》旗下期刊发表的一份研究报告指出，自2000年以来,地球正在变绿,其中中国在环境保护方面的努力功不可没。

专家估算中国森林碳汇每年的贡献达 20 亿吨以上。随着森林质量不断提升和森林面积不断扩大,森林碳汇的贡献会不断提升,森林生态系统的综合效益将逐步显现。

目前,中国森林面积增至为 2.31 亿公顷,森林覆盖率达 24.02%,草地面积 2.65 亿公顷,已经成为全球森林资源增长最多的国家。

按照规划,到 2035 年,中国森林覆盖率达到 26%、森林蓄积量达到 210 亿立方米、天然林面积保有量稳定在 2 亿公顷左右。

最后是情感共鸣点。触发受众情感共鸣是好故事的重要标准。要下功夫挖掘和呈现故事的共鸣点。不消说,展现道德感、人性美、人间情的故事容易打动人。其他方面的故事同样需有共通的情感力量。美好生活是各国人民共同的向往和追求。美好生活涵盖经济、政治、社会、文化等方方面面。新时代中国,自强不息的攀登、无惧风雨的前行、日新月异的创造,大到国家发展的鸿篇巨制,小到百姓生活的点点滴滴,从国家到个人,追梦、筑梦、圆梦的故事,都蕴含着触动心弦、引发共情的力量。

2021 年 10 月,新华社在海外社交媒体发布中国全面建成小康社会的海报。特斯拉创始人埃隆·马斯克在其个人账号转发这一海报并留言:"中国取得的经济繁荣真的太神奇了,特别是基础设施建设。我鼓励大家去中国看看。"有网友留言:"虽然我不是中国人,但是中国近几十年来的成就让我感到震惊,从一个虚弱的国家到现在,难以想象!"

民心是最大的政治。国之交在于民相亲。我们应多讲暖人心、聚人心的故事,展示真善美,传播正能量,更好地展现国内民心、赢得国际民心。

比如,美国飞虎队的英勇事迹为中国人民所铭记。80 多年前,中美为抗击日本法西斯并肩作战,飞虎队的佳话承载着两国人民用生命和鲜血铸就的深厚友谊。当今世界许多重大挑战,依然需要中美合作共同面对。人们希望飞虎队精神能够一代一代传承下去。新华社对飞虎队的报道是持续和比较充分的。

应中国人民对外友好协会邀请,飞虎队老兵及后代一行 30 多人于 2023 年 11 月来华访问。11 月 4 日播发的记者邵艺博、赵彩琳采写的特写《百岁飞虎队老兵的一首〈友谊地久天长〉》记录了精彩瞬间:

> 在看完讲述飞虎队开辟驼峰航线故事的音乐剧《翠堤长虹》后,飞虎队老兵哈里·莫耶同昆明市外国语学校的师生唱起《友谊地久天长》,这位平日里爱开玩笑、风趣幽默的百岁老人潜然泪下。

> "即便经历过第二次世界大战的艰难时刻,我都没有哭,但当重温那段历史、看到孩子们为我们做的这一切,我忍不住流泪。"莫耶边拭去眼角的泪水边说,"这份友谊来之不易,我非常感动。"

> 莫耶的孙女莎拉·莫耶红着眼眶对记者说:"当我们用不同语言共唱友谊之歌,我明白这种友谊是超越国界的。我一定会将这份友谊传递下去。"

(二) 跨文化

对外讲述中国故事,是跨文化传播。文化"冰山理论"揭示,如果一个民族的文化划分为"外部文化"与"内部文化"的话,那么,显性、可见、易于模仿的建筑、服饰、习俗等"外部文化"仅仅是"冰山一角"(约占 10%),而隐性、不可见、难以模仿的价值观念、信仰、思维方式等"内部文化"占到约 90%。这为国际传播中如何减少"文化折扣"提供了重要启示。

要充分考虑中外在文化、历史、传统、风俗、语言等方面的差异,积极贴近、了解、容纳传播对象的"精神世界""生活空间"和"经验范围",努力做到"三个结合",即:把我们想说的与海外受众想听的结合起来,把"吾道一以贯之"与"到什么山唱什么歌"结合起来,把"自己讲"与"别人讲"结合起来。着力打破美西方偏见的"信息茧房",让中国故事以海外受众易于接受的方式,有效触达,落地生根。

首先,把我们想说的与海外受众想听的结合起来,在"讲什么"上找准契合点。第一个方面,求同存异,聚同化异。如中国倡导的和平、发展、公平、正义、民主、自由的全人类共同价值,是价值观层面最大的"同",但不同文化圈、不同国家实施实现这一共同价值的路径、方式又多有不同。所以,要更多地在"同"上讲好故事,这样就能做到同频共振、融通中外。同时,还要着力聚同化异。这里的异,主要是指信息不对称、意识形态壁垒等造成的误读、误解、认知错位、思想偏见等。要以同释疑,以同化异,赢得更多认同。

周恩来总理向外国记者巧妙介绍《梁山伯与祝英台》的案例堪称跨文化传播的经典。1954年5月,周恩来总理率中国政府代表团参加日内瓦国际会议。代表团带去国内新拍出的第一部彩色(越剧)影片《梁山伯与祝英台》。如何向外国记者介绍并吸引他们观看这部影片?作为代表团联络官的熊向晖请懂越剧的同志将剧情介绍和主要唱段写成一本十五六页的说明书,准备译成外文,发给外国记者。他先把剧名译成英文,叫作《梁与祝的悲剧》。他向总理汇报。周恩来总理说,十几页的说明书,谁看?只要在请柬上写上一句话——"请你欣赏一部彩色歌剧电影——中国的《罗密欧与朱丽叶》"。放映前用英语作3分钟的说明,概括地介绍一下剧情,用词要有点诗意,带点悲剧气氛,把观众的思路引入电影,不再作其他解释。结果,电影放映获得巨大成功。熊向晖感慨地说:"这使我进一步懂得了对外宣传的重要。"周恩来总理说,问题在于宣传什么、怎么宣传。

求同,首先是要找到不同文化间的同,找准契合点。其次是通过能引起受众共鸣的生动故事、感人细节、牢靠事实等,润物无声,潜移默化。国际知名导演马尔科姆·克拉克(中文名字柯文思)拍摄的武汉抗疫纪录片给我们以启发。他说,这部纪录片讲述的是责任感,是不同人物的故事和责任感。这些方面,中国与西方有相通之处。他认为,当西方意识到中国与西方的相似之处超过不同之处的时候，对中国的尊重和敬佩将替代对中国的误解、怀疑和恐惧。美国著名传播学家施拉姆提出，若要有效沟通，必须双方储存的经验有若干共同的地方，即共同经验范围。

新华社缪晓娟工作室 2021 年 12 月推出的纪录片《真实中国：民主自由人权探索之旅》，就是一次成功探索。纪录片围绕"真实记录当下中国、寻找有关民主自由人权的答案"这一主题，用事实说话，力求让历史、文化、制度、发展水平与我不尽相同的其他国家的民众，能够更好理解当代中国在民主、自由、人权领域不断锐意进取的政治文明建设逻辑。记者缪晓娟和中国与全球化智库副主任戴维·布莱尔、政经时事评论员艾纳·唐恩、中国市场研究集团创始人雷小山等 3 位美国专家跨越大半个中国，抵达 13 个城市 7 个乡镇 10 个村庄，观摩村委会选举，旁听行业工资谈判，来到清真寺、佛学院，走进合作社、百姓家，采访了 90 多人。60 多分钟的作品，叙事细致，细节丰富，最大限度地保留了现场采访中捕捉到的人物表达欲，将严肃的政治话题融入日常对话与体会观察之中，实现了片中人物的真情实感自然抵达观众，让"装在盒子里的大使"对外传递积极、温暖的信息，用中国话语、中国叙事展现中国故事及其背后的思想力量和精神力量，用融通中外的国际化表达打破美西方媒体的误解误读甚至灰黑滤镜，促进海外对当今中国及中国老百姓生活的认知理解，有效增进国际社会对中国制度的感知认知。

扫码看新华社客户端《重磅纪录片｜真实中国：民主自由人权探索之旅》

纪录片在海内外平台播发后引发热烈反响。法国欧洲卫视在黄金时段完整播出该纪录片，并在其优兔频道同步播发。众多海外网友积极转发、点赞和评论。他们留言："一部值得保存的、有历史价值的纪录片，谢谢你们！""感谢你们在这部纪录片中呈现了中国人的生活写照，既发人深省又感人至深。"曾获两届奥斯卡奖的英国纪录片导演马尔科姆·克拉克说："这部片子拍摄和制作得非常棒，很真实。参与节目的三名西方人拥有客观视角，他们的看法都是发自内心的。"

第二个方面,向"特"求真,和而不同。世界上没有两片完全相同的叶子。色彩缤纷、万类竞长,是世界固有的样子。万物并育而不相害、道并行而不相悖,是宇宙运行的法则。民族的就是世界的。不同的国家、民族、文化各美其美、美人之美、美美与共。这正是文明的魅力所在。一般而言,受众都有一定的好奇心,对其他文化文明的一些鲜明特色怀有兴趣。所以,把"中国特色"故事讲活讲实,对讲好中国故事极为重要。

中国的文化基因、道路、制度等,都与西方有着明显和本质区别。中华文明是世界上唯一没有中断的文明,具有突出的连续性、突出的创新性、突出的统一性、突出的包容性、突出的和平性;中国特色社会主义道路是实现中国梦的人间正道;中国式现代化既遵循和体现了现代化发展的一般规律,更具有鲜明的中国特色,开创和拓展了人类文明新形态。中国特色,正是中国自立自强的内在之本,同时又是由内而外的自然彰显。要从海外受众感兴趣的话题、故事入手,增进他们对中华文明、中国特色的认知度和接受度。

习近平总书记在党的二十大报告中提出,中华优秀传统文化源远流长、博大精深,是中华文明的智慧结晶,其中蕴含的天下为公、民为邦本、为政以德、革故鼎新、任人唯贤、天人合一、自强不息、厚德载物、讲信修睦、亲仁善邻等,是中国人民在长期生产生活中积累的宇宙观、天下观、社会观、道德观的重要体现、同科学社会主义价值观主张具有高度契合性。

新华社对外部与新媒体中心在 2023 年组成报道团队,拍摄制作 10 集英文纪录片《近观》,向海外民众集中阐释 10 个中国古语。报道团队赴国家版本馆、国家图书馆古籍馆、国家博物馆、北京古代建筑博物馆等文化场所,调研、拍摄《礼记》《论语》《周易》《左传》等典籍古本及隆福寺藻井、郑和铸青铜钟等历史文物;赴北京温榆河公园、曲阜孔府孔庙孔林、南京江南贡院、桐城六尺巷等地拍摄古迹名胜;邀请多位知名专家学者指导创作,并接受出镜采访。

系列纪录片在努力把古语的深刻内涵阐释到位、解读清楚上重点发力。

如第一集《天下为公》,如何向外国人讲明"天下"的概念?怎样生动阐述"大道之行也,天下为公"?报道团队把这一古语拆解开来,从本义入手,首先解释"天下"是古时中国人对于赖以生存的地理空间的一种描述;再追溯"公"的缘来,最早见于距今3000多年的甲骨文,到战国后期就有了公共、共同的意思。由此延伸开来,阐述中国人把造就一个为人们所共有的天下视为最高政治理想和治理社会的最高准则。这为海外受众提供了一种不同于"国强必霸""零和游戏"的认知视角。片中还穿插国内脱贫攻坚,国际上建造东非第一条高速公路、马尔代夫第一座跨海大桥等生动事例,把天下的概念与人类命运共同体理念有机结合。

同时,增强贴近性。每一集都加入便于海外受众理解的元素,将几千年前的古语具象化、活泼化、亲近化,使受众在"润物细无声"中领悟中华优秀传统文化精髓和魅力。如《民为邦本》在开头处用一株参天大树作为引子,将治国比作种树,本根稳固,才能枝叶繁茂。这种设计既契合"民为邦本"(Regarding the People as the Foundation of the State)的英文译法,使理念抵达海外受众的过程更加自然平顺;又与结尾处国家领导人植树的传统形成巧妙呼应。再如,由国家博物馆馆藏的一口600年前为祈福郑和下西洋平安归来的铜钟入手,引入中国自古以来秉持的讲信修睦的外交理念。众多海外受众对纪录片给予好评。一个优兔网友为《天下为公》留言:"喜欢'天下为公'这个说法。中国消除绝对贫困的做法令人赞赏。"还有网友留言:"和平与繁荣,不要虚幻的自由民主制!没错,请这样做。"

扫码看新华社客户端《近观|天下为公》

其次,把"吾道一以贯之"与"到什么山唱什么歌"结合起来,在"怎么讲"上找到突破口。一方面,以我为主,坚持中国之道,传递中国价值、中国精神、中国智慧。另一方面,融通中外,创新话语体系和叙事体系,打造更多话语共振点,让中国理念、中国故事为海外受众所易于接受和理解。再一方面,遵循对外传播规律,不仅中外有别,外外也有别,要对接不同区域、不同文化圈层,不能一套话语、雷同故事走天下。

如中国倡导并致力于推进构建人类命运共同体,这是针对世界百年未有之大变局提出的应对之策、变革之道,是对人类社会发展规律的深刻揭示和科学引领,是中国对人类发展和文明进步作出的重大贡献,必须"咬定青山不放松",持续对外宣介阐释好这一重大主题,但这并不意味着对世界各地都是同一类故事、同一个调子。事实上,构建人类命运共同体的实现路径是多层次、多方面、多领域的。一是以"一带一路"及其新机构、新机制为基本载体;二是以区域内、国与国命运共同体建设为基础,目前已提出的有共建中国—东盟命运共同体、中非命运共同体、亚洲命运共同体、中拉命运共同体、中阿命运共同体,以及中巴、中越命运共同体等 20 多个区域、国别命运共同体;三是为应对人类面临的自然、社会等方面的重大严峻挑战,致力共建人类卫生健康命运共同体、共建地球生命共同体、构建网络空间命运共同体、构建海洋命运共同体等;四是以联合国、多边机构、金砖、上合组织等国际机构合作、改革、引领为支点。

可见,构建人类命运共同体的实践是一个百花园,各展其姿,各竞其艳。像中国与非洲的友谊源远流长、基础坚实,中国在新时代践行真实亲诚的对非关系,开创中非关系新局面。

新华社记者姚远、阮周围、张玉洁等 2023 年 7 月采写的《一个中国市场里的非洲元素》,从鲜花、咖啡等中国市场里的非洲商品切入,以细腻的笔触带领读者"穿行"在繁忙的中国市场和广袤的东非高原之间,观点与数据巧妙穿插其中,展示出"一带一路"倡议下中非贸易的蓬勃活力。稿件写道:

　　内罗毕时间凌晨 1 点,从肯尼亚花农在农场剪下第一枝玫瑰起,时间就卡上了发条。

　　一小时后,玫瑰在奈瓦沙湖畔装车,沿着东非大裂谷南行至内罗毕机场。内罗毕时间下午 3 点,玫瑰搭乘中国南航的航班,飞向

8700 公里外的中国湖南省长沙市。

北京时间第二天清晨，长沙黄花机场内，海关工作人员对抽样的鲜花进行查验。得益于长沙海关为非洲产品开辟的"绿色通道"，通关最快只需半个小时。

湖南玺悦文化传媒有限公司是本批鲜花的进口商，公司负责人黄梓楠正在高桥大市场等候。鲜花通关距离采摘只过去了一天时间。

从湖南高桥大市场出发，这批进口鲜花将继续前往北京、上海、广州等中国其他城市。由于肯尼亚玫瑰花期长、供应稳定，能一定程度上缓解中国各地七夕节等用花高峰期的价格波动。

"中国人的鲜花消费习惯正逐渐形成，市场潜力巨大，婚礼、会展用花的需求和频次也逐渐变多。"黄梓楠说。

热络的中非经贸往来，为高桥大市场注入了新活力。高桥大市场是中国大型综合性市场，共有 9100 家商户。2022 年对非贸易额31 亿元，比 2021 年增长 302%。

在这里，消费者能买到很多非洲国家的产品，如马达加斯加的精油、赞比亚的油画和宝石、埃塞俄比亚的咖啡、津巴布韦的木雕、南非的葡萄酒等。

稿件接着细致讲述中国积极建立非洲农产品输华"绿色通道"、埃塞俄比亚穆勒格公司用心开拓中国咖啡市场的故事。2022 年，高桥大市场的咖啡销售额达 10 亿元，销售咖啡豆 2000 吨，其中非洲咖啡豆占总销量的 40%。

构建中非命运共同体的故事，可以讲出很多独特感人的内容。中国儒家"仁民爱物、天下大同"的理念同南非乌班图思想倡导的"仁爱、共享"不谋而合。郑和下西洋最远所及是非洲东岸的肯尼亚蒙巴萨，中国企业几年前把这里作为起点，修建起蒙内（肯尼亚蒙巴萨至内罗毕）铁路。

2023 年 6 月，在中国湖南省长沙市唐人万寿园内，"杂交水稻之父"袁隆平的墓前,马达加斯加农业部原秘书长拉库托松·菲利贝尔不远万里,带来了一份承载着马达加斯加共和国人民真诚谢意的礼物——产自非洲的杂交水稻大米。他站在墓前,久久凝视着墓碑说:"尊敬的袁隆平老师,我们来迟了!"

一个个鲜活的故事透射着中非命运共同体的特质和活力,咏唱的是中非人民"心中的歌"。

最后,把"自己讲"与"别人讲"结合起来,在"谁来讲"上找好切入点。毋庸置疑,中国故事的主讲人必须是我们自己,构建中国话语体系和叙事体系只能靠我们自己。同时,完全自己打拼、一味单边输出,传播效果肯定会打折扣。只有把"自己讲"与"别人讲"结合起来,才能形成"回响"和"交响",才更能让海外受众听得懂、听得进。这也是文明交流互鉴的题中应有之义。

以长城为例,长城凝聚了中华民族自强不息的奋斗精神和众志成城、坚韧不屈的爱国情怀,已经成为中华民族的代表性符号和中华文明的重要象征。我们坚持不懈、用心用功对外讲述长城故事,其中,外国人与长城的故事可以说独具特色。

扫码看新华社客户端《爱上中国文化 | 美国建筑师:我的家在长城脚下》

新华社记者王健、程露、马晓冬 2023 年采写的文字稿件及拍摄的视频《筑梦、圆梦——一名美国建筑师的长城故事》,展现了长城非同寻常的魅力。稿件写道:

登上长城是许多人的梦想,而美国建筑师萨洋不仅登上了长城,还把家安在长城脚下,一住就是近 20 年。

"小时候,我几乎不了解中国,但我知道中国有长城。"68 岁的萨洋说,"那时,我从未想过会有机会参观长城,更别提在长城边生活了。"

被萨洋和妻子唐亮称为家的地方,位于长城脚下的慕田峪村,距北京市中心约 80 公里。他们在这里拥有一座自己设计并改造的农家小院、一个工作室、一辆老年代步车和一条狗。

报道讲述了萨洋与长城结缘的新奇过程、独特感受：

萨洋和长城的缘分始于 20 世纪 90 年代的一次邂逅。在慕田峪长城游览途中，他遇到一个兜售旅游纪念品的村民。

"我太羡慕你了，能住在长城边这样一个美丽的地方！"萨洋感叹说。

"如果你想住在这里，我可以帮你。"村民回答。

起初，萨洋以为这只是一句玩笑话。没想到不久后，这个村民真的帮他在慕田峪村租下一个农家院。

此后 10 年，这座背靠长城、隐匿田园的农舍成了萨洋和唐亮休闲度假的好去处。2005 年，萨洋辞去了在城区的工作，搬到慕田峪村，拥抱乡村生活。

热衷于建筑设计的萨洋精心改造长城脚下的家。改造后的房屋既保留了传统民宿的古朴风貌，又融入了别出心裁的现代设计。萨洋在房屋朝着长城的方向，增开了造型各异的窗户。

"在花园，我能一边喝茶一边眺望长城；在书房，我的书桌也正对着长城；在浴室，我还能一边淋浴一边欣赏长城美景。"他说，"长城的景色随季节变换。盛夏时节，草木葱郁，我从院子里看不到长城，但随着天气转凉，树叶凋落，长城像变魔术一般又出现在眼前！"

"虽然我是一个美国人，但我的家在中国。"他说，"每当坐在家中，看到远处的长城，我总会想，这是一个多么伟大的民族，只要他们齐心协力，就能创造奇迹。"

同一个长城，通过外国人的讲述，传递出"别样"的深意和新意。

（三）跨时空

只有走进历史深处，才能看到更远的未来。马克思主义理论在分析任何一个社会问题时,"绝对要求""就是要把问题提到一定的历史范围之内"。整体上讲,中国故事一个重要的内在特性,就是上下 5000 年,纵横海内外,具有深厚的历史底蕴和广阔的天下观照。更大的时空变化是故事吸引人的重要元素。我们讲述每一个故事,都应努力找准其时空坐标。同时,善于技术赋能。日新万变的信息技术,特别是智能技术带来了"时空压缩""时空同步",信息的全球实时传播、时空穿越已成为新常态。

跨时空提供了一种叙事结构,赋予故事以波澜和壮阔。茶杯"观澜"、河湖"观澜"与大海"观澜",三者自然不可同日而语。跨时空让故事"好看""耐看"。

新华社记者张拓、李鲲、王晖 2021 年 10 月采写的《跨越地球两端的百年归航》,通过一个华裔墨西哥家庭的变迁,反映中国百年巨变。稿件写道:

米格尔·莱没有见过他的曾祖父,祖父和父亲也说不清当年的很多事了,只知道他们的祖先英年早逝,曾经过的是苦日子。

作为莱家的第四代,米格尔自幼对那个几万里外的东方大国保持着好奇。2012 年,一个偶然的机会,已经是民航飞行员的他飞到中国天津应聘机长。一到中国,他就感觉到了前所未有的温暖和舒适,他决定"留下"。

"回到中国是我人生最好的决定。"米格尔说,飞行员的职位晋升速度取决于航空公司的发展速度。在中国,随着人们收入水平提升,百姓对飞行的需求一直在增长,新的航线、新的机场、新的跑道正在各个城市落成,自主研发的民用飞机也取得新的进展……中国民航不断释放的发展空间让米格尔对自己未来的发展充满信心。

"来到中国的外籍员工都感受到了这些发展,我们选择在这里继续前进、不断进步。"刚来中国不久,米格尔就把妻子和儿女也接来定居天津。便利的交通、丰富的生活让米格尔一家感到安心。

作为机长,米格尔驾驶飞机徜徉在世界各国之间。不知何时开始,米格尔一家说起往返墨西哥和中国时,使用的词语变成了"去墨西哥、回中国"。

稿件以米格尔饱含感情的对比结尾:

"100 年前,我的曾祖父离开中国寻找更好的生活;100 年后,我来到中国寻找更好的生活。他没有赶上中国的发展,他的后辈却见证了今天的一切。"米格尔说,随着子女的成长和他的再次归来,他们家族跨越地球两端的百年故事也将进入新的篇章。

跨时空为故事提供了一种意义尺度。跨越时空的故事比就事论事蕴含更大的价值、彰显更深的意义。我们讲述中国故事,要以清晰的历史发展脉络、开阔的事物联结网络,让海外受众更好了解和理解中国。

新华社记者金地、徐凯鑫 2023 年 10 月采写的通讯《"一跃千年":探访鄂伦春族的新生活》,从千年的时间跨度,让受众真切感受到鄂伦春族平常生活的不平常之处。稿件写道:

"兴安岭的大树有多少根,且问问我们鄂伦春;兴安岭的野兽有多少种,且问问我们猎人。"在中国东北的兴安岭上,流传着这样一首歌谣,讲述的正是世居于大小兴安岭的鄂伦春族。数个世纪里,鄂伦春族衣皮食肉、桦皮为屋,曾在原始森林中过着艰苦的游猎生活。

70 年前,黑龙江省的鄂伦春族走出深山定居,开启新生活。从原始社会到现代文明,"一跃千年"的鄂伦春族告别过往,生产生活发生翻天覆地的变化。70 年后,在新的时代、新的产业中,鄂伦春族用双手创造美好生活,唱响兴安岭的"新声"。

"从小生活在山林里,再难走的地方也能穿梭。"八旬鄂伦春族老人葛淑贤回忆着小时候在山上的生活。鄂伦春族被称为"兴安猎神",孩子七八岁就跟着大人去打猎。他们必须熟悉山岭的每一块巨石、每一条河流,才能在大自然中生存。"那时住的是用桦树杆和兽皮搭建的'撮罗子',吃的是野果、兽肉,生病了只能靠野生的草药。"

　　1953 年,黑龙江省的鄂伦春族走出山林,在如今的大兴安岭地区塔河县、呼玛县,黑河市爱辉区、逊克县等地定居。"下山后住进了政府提供的房子,吃穿有保障,还可以去上学,生活发生了翻天覆地的变化。"葛淑贤说。

　　70 年间,随着支持民族地区发展的各项政策落地见效,乡村基础设施建设和产业发展力度持续加大。鄂伦春族与各族群众一道,迈向了更美好的新生活。曾经"一人一马一杆枪"的鄂伦春族放下猎枪,依靠勤劳的双手投入到中药种植、手工艺品制作等产业中。近年来,乘上乡村振兴的快车,乡村文旅发展也让鄂伦春族有了更多致富渠道。

　　稿件随后讲述了十八站乡鄂伦春民族风情园带动全乡一半鄂伦春族群众参与到旅游产业中;70 多岁的鄂伦春族老人戈晓华一直致力于民族语言的保护和传承;鄂伦春族民间画家关桃芳用桦树皮制作镂空画,展示鄂伦春族的生产生活场景和民俗风情。

　　鄂伦春族"一跃千年"的故事,成为新中国、新时代发展进步的生动写照。

(四) 跨媒介

　　当今的传媒领域,移动化、社交化、可视化、智能化趋势加速演进。"万物为媒"。"空间地理"变成"体验地理"。互联网早已成为国际传播的主阵地,全球传播加速进入平台化时代,融媒传播成为国际传播的基本形态和业态。智媒传播势头强劲。互联网、人工智能给新闻业及国际传播带来革命性变革。对外讲述中国故事,在遵循对外传播规律的同时,必须遵循并不断探索网络传播规律,努力让中国故事更加可感、可触、可互动、可体验,既有价值,又有颜值,成为国际舆论场上的大流量、正能量。

首先,全链条、全方位强化互联网思维和融合意识。适应网络时代受众阅读习惯,把文字、图片、音频、视频、动画等融而为一、合为一体,积极创新和丰富故事载体,不断增强故事综合表现力。新华社全面推进媒体深度融合,不间断推出"内容+技术+灵感+美学"相统一的融合力作,已基本构建起融合传播、全球到达的新格局。上面提到的绝大部分案例都是融合产品,即使是文字版本,也同时有同主题融合产品播发、展示。

其次,持续创新跨媒介融合产品形态、样态。在技术强力赋能下,传播形态和方式从大众传播到分众传播,到互动传播,再到沉浸传播,不断适应人们日益增长的个性化需求。融合产品激活了人脑中的"镜像神经元机制",极大地增强了故事的代入感,让受众"置身"现场、沉浸其中,以生动场景情景、鲜活视觉形象等易于理解的语言,让海外受众更易产生共情、共鸣。

如配合亚洲文明对话大会举行,新华社领导策划推出重磅微视频《和合之声》,多媒介生动展示中华文明与亚洲文明交流互鉴、多彩、自信。全片用声音串联,包含了亚洲的语言、乐器、河流声音,代表历史事件的驼铃、诵经声音,反映当代发展的扫码、高铁声音,等等。这些声音巧妙地与画面融合,从自然、历史、文化等多个维度宣介亚洲文明的丰富多彩。内容创作中为了更好突出亚洲文明的交流互鉴,将书法、绘画、图表、摄影等多种方式融合,配合分屏快切的方式,展现古与今、国与国之间的连接。比如,毛笔书法转场呈现《兰亭集序》,沙漠绘画转场呈现张骞出使西域等。视频在海外社交媒体平台的阅读量超过 1000 万次,互动点赞量达 26 万次。

扫码看新华社客户端《穿越时空 | 〈和合之声〉带你聆听亚洲文明之声》

最后,再造传播流程,拉长传播链条。过去,故事发表了就算"讲完了";而在互联网时代,故事发表了则意味着"刚开始讲",作者与受众进入"互动模式",根据受众的反应、评价,验证故事效果,并可善用用户生成内容,深化故

事表达,拓展故事传播。特别是通用人工智能强大且不断升级的内容生成能力,进一步构建了"按需生成"的用户中心内容生产范式。随着人机协同工作模式日益广泛推行,其不仅带来新的叙事方式,也深刻塑造着人与人、人与机器、人与信息之间的交互关系。新华社近年推出的卫星新闻、数据新闻、AIGC产品等,都不断深化和拓展着内容为王的内涵与外延。同时,面对人工智能带来的人人都可以成为内容生产者的重大机遇和严峻挑战,讲述真实故事的重要性更加凸显。

九、锐　　度

美西方秉持国强必霸的所谓权力理性和二分法思维方式。在美西方看来,冲突是世界的本质,对抗是交往的常态;国际秩序总是建立在霸权、实力之上。其将世界简单、粗暴地划分为两个对立的阵营。随着世界百年未有之大变局加速演进,美西方一些媒体、政客特别是反华势力出于意识形态偏见、大国博弈的算计等,利用其话语霸权,肆意对中国"评头论足"、攻击抹黑。

美国政治和国际关系分析师汤姆·福迪撰文指出,美国的外交政策引擎依赖于一种被称为"制造共识"的手段——将国家资源武器化,以协调专家、智库和记者对一些问题的关注,从而影响舆论,为其政策提供支持。"美国对中国在西方形象开展了积极的'大锤行动'"。

在这种情况下,我们必须迎面而上、迎头痛击,并且以我为主,立破结合,展示一个真实、立体、全面的中国。这就要求我们讲中国故事必须有锐度。

（一）还原真相,对冲反击

面对美西方对我国的误读与质疑、傲慢与偏见,以及反华势力的抹黑与攻击,我们必须讲好故事,还原真相,及时消毒,正本清源。虽然美西方不少人士称已进入"后真相时代",其舆论场充斥着偏激的言辞、情绪的宣泄,但事实和真相终究是最有力量的。还原真相是最有效的反击。

　　2022 年 6 月,美国所谓"维吾尔强迫劳动预防法"生效之际,新华社徐泽宇工作室制作播发了英文政论视频《一"宇"道破｜新疆"强迫劳动"的谎言是怎么编造出来的?》,追溯"强迫劳动"谬论的炮制过程,曝光美西方编造涉疆谎言的关系网络,揭露美国涉疆恶法没有事实根据的本质。团队以资料搜集、学理论证、证据重组为基础,采取"鲜明立场、平等姿态、理性讨论、话语接轨"的策略,建构出一套逻辑严密、事实充足、条理清晰的叙事体系,以海外受众容易接受的方式纠正美西方主流涉疆叙事中的错误论调,在美西方主流涉疆叙事中打开一个突破口。

扫码看新华社客户端《一"宇"道破｜新疆"强迫劳动"的谎言是怎么编造出来的?》

　　视频播发后在国际舆论场产生积极影响,吸引大量海内外媒体人士、学者、政府官员、知名大 V 点赞留言转发。澳大利亚学者蒂姆·安德森转发视频后留言称:"就涉华议题而言,我从此以后只相信北京发布的消息。"

　　再如,2023 年一段时间,美西方一些媒体炒作西藏寄宿制学校话题,对西藏地区人权以及教育领域取得的成就进行抹黑。新华社对外部与西藏分社精心设置议题,记者对西藏多所寄宿制中学的学生、家长、教师进行了深入采访,包括那些父母几乎没有受过教育、住在偏远农牧区的孩子,受教育程度较高、家境优渥的孩子,选择走读的孩子,以及拥有寄宿制学校成长经历的教师等,采写播发《"学校是家,这里很温暖"——走访西藏寄宿制学校》《特写:探访"离天空最近"的援藏小学》《为何我把孩子送进寄宿制学校——专访藏族教师强巴云旦》《拉萨来信:我的寄宿制学校》等系列报道,展现了学生们多姿多彩的校园生活:不仅包括必修的藏语课程,还有与藏族相关的丰富多彩的课外活动,如藏文书法、文学等社团;而且,学生可以自由选择走读或住校。采访对象以过硬的事实——回击了美西方虚假言论,有力表明寄宿制模式为高原地区各族儿童提供了平等享受优质教育资源的选择机会。其中,新华社记者林建杨、夏晓、姚雨璘等采写的《"学校是家,这里很温暖"——走访西藏寄宿制学校》写道：

15 岁的欧坚旦增是拉萨江苏实验中学初二住校生，家乡尼木县距西藏自治区首府拉萨 130 多公里。如果每天往返，路上要花 4 个多小时。

欧坚旦增每天都学习国家通用语言文字、数学、英语和藏语文主科课程，其他课程包括历史、地理、化学、音乐等，这与其他非寄宿制中学的课程大体一致。

除在学校免费用三餐外，他的日程表还包括午休、晚自习、在学校 400 米标准塑胶运动场上运动等。课余，他和同学们还会参加课间操、艺术节、体育节，一起阅读藏文诗歌和现代文。

初一期末，他的名次上升至全年级第 25 名。

学校设有书法、街舞、主持等社团。欧坚旦增在入校时就毫不犹豫地选择加入藏文书法社。印有传统藏戏面具的门帘和挂满五彩藏式香布的书法社让他倍感亲切。他每周都去跟藏族老师习字，与同学们切磋书法。

"藏文书法有很多种，我目前已经掌握了朱匝体、尼赤体等。"9 岁就开始学习书法的欧坚旦增颇为得意。

与 19 世纪和 20 世纪西方一些国家针对原住民设置的"殖民式寄宿学校"不同，欧坚旦增的中学不是"封闭式"学校，更非"军事化"管理。

周末，欧坚旦增通常会去拉萨的表哥家。只有在寒、暑假，他才回到家乡与父母团聚。他说，这样可以节省时间和花费。

当得知自己的学校被一些西方媒体妖魔化时，欧坚旦增愤愤不平。

"学校是家，不该被谎言抹黑。"他说，"这里很温暖，让我距离当一名藏语学家的梦想越来越近。"

稿件特别介绍,学生是否寄宿,有选择自由:

在扎西桑姆和欧坚旦增就读的拉萨江苏实验中学,目前有30多名走读生。这个数字随着孩子和父母的选择每学期都在变化。

13岁的次仁罗布小学时曾住校,后来因患肠胃炎,父母为他选择了走读。如今,次仁罗布由爷爷奶奶接送,每天在路上要花费一小时。

"住校和走读各有各的好处,但住校好处更多。"次仁罗布说。

"住校可以增进和同学的感情,让我更加独立,还能提高学习效率。不会做的题同学之间就可以解决,或者找老师帮助。而且,住校也不用起太早,减轻了爷爷奶奶的负担……"次仁罗布一口气罗列道,他希望病好后继续住校。

强巴云旦是拉萨市林周县一所寄宿制学校的老师,从事藏语教学多年,他的女儿今年8月刚成为一名初一住校生。强巴云旦每周五都会开车接她回家过周末。

"我搞不懂,英国的伊顿公学也是寄宿制,很多欧美顶尖私校也是寄宿制,为什么那些人单单指责我们西藏的寄宿制学校?"强巴云旦说。

系列报道取得良好国际传播效果,被美国谷歌新闻、非洲通讯社等众多外媒采用,压缩了美西方炒作空间。

(二) 主动出击,"打蛇七寸"

要打破美西方话语霸权,光是见招拆招、当好"接球人"并不够,还要主动设置议题,抓住美西方深层矛盾、热点话题及其叙事的理论缺陷、逻辑漏洞,扮演好"发球人"的角色。

2022年底,新华社领导点题策划、记者桂涛等采写的《这也不行,那也不行——看看美西方媒体对中国抗疫的"无原则批评"》，以子之矛攻子之盾，打到了美西方一些媒体的痛处。此稿荣获中国新闻奖一等奖。稿件写道：

基于病毒致病力下降、全国范围疫苗接种更为普及和防控经验日益丰富等现实，中国近来不断优化调整其防疫措施，回应民众需求，推动人民正常生产生活有序恢复。

但不出所料的是，一些戴有色眼镜的美西方媒体继续对中国防疫指手画脚，试图用种种推理和模型来证明"优化调整"是又一个错误，指责它"冲动草率"，将"扰乱中国经济"并"推高全球通胀水平"进而危害世界。

颇为讽刺的是，3年来它们批评中国采取严格防控措施积极战"疫"时，采用的几乎是同一套词汇与话术。

当中国采取严格的防疫措施时，它们曾预言"中国经济将付出沉重代价"，曾指责中国积极防疫"扰乱世界供应链""推升通胀风险""让全球市场感到紧张"……

比如，今年5月，美国《财富》杂志一名作者曾在文章中引用专家观点，质疑中国严格的防疫政策"干扰经济"；现在中国优化调整防疫措施，该作者又再次撰文，质疑此举可能会造成疫情暴发，从而"干扰经济"。如此自相矛盾，只能落得个贻笑大方。

严格防控不行，优化调整也不行，试问记者先生，怎么才行？实践证明，在这些带着偏见的西方媒体眼里，恐怕怎么都不行，"唯一不变的"就是闭上眼睛的指责。

在某种意义上，这些对中国的批判、否定早已不再是基于科学与事实，而已是一种习惯，甚至已经成瘾——就如一个5岁孩子对棒棒糖的依恋。以这样的"无原则批评"来观察和报道世界，只会导致误解、隔阂甚至是仇恨。

"无原则"的背后是美西方一些媒体根深蒂固的傲慢与偏见：不

论是抗疫方案还是发展与治理模式，只要"与我不同"，就是不对、不好。

主动出击，要敢于碰"硬"，"高"举"高"打，从容不迫，有理有力有节。2021年8月，美国以意识形态划线，搞小圈子，主导召开所谓"民主峰会"。新华社徐泽宇工作室推出题为《"真相了！"新华社漫画"细节拉满"，戳破美国"民主峰会"本质》一组三幅讽刺漫画，贯穿"民主峰会"全程。这组报道针对美方此次"民主峰会"根据自身喜好给全球国家贴标签、在国际社会制造对立撕裂的行径，第一幅漫画选取了《哈利·波特》系列电影中的分院仪式场景，并创造性地将20余种电影元素与美国历史中存在的反民主历史事件、人物相融合，用网友喜闻乐见的方式讽刺美国以"民主灯塔"自居，在全球制造撕裂对抗，把民主当成服务一己之私的政治工具。

第二幅漫画从历史角度出发，以古罗马元老院为背景，以恺撒为原型，通过明暗对比的创作手法，描绘出一幅山姆大叔雄霸全场的景象，从而映射出美国的霸权行为。

第三幅漫画以电影《魔戒》中"末日火山"的炼狱为背景，将美国国会置于爆发的火山之巅，将"索伦之眼"嵌于"民主灯塔"之顶，讽刺美国自身民主状况千疮百孔，却"内病外治"，对外转移国内矛盾的行径。

三幅漫画海内外社交媒体的总浏览量超过800万，点赞15万。美国《华盛顿邮报》关注到漫画的发布，并发表报道指出，中国利用哈利·波特元素回击美国"民主峰会"。美国《华尔街日报》、今日俄罗斯等外媒的大V记者、得克萨斯州立大学教授等转发了漫画。包括美国网友在内的上千名外国网友就漫画的寓意和"民主峰会"本身展开热烈讨论。

（三）立字当头，破在其中

美西方一直沉迷于用自己的叙事来解释和定义世界。中国的好"经"往往被美西方一些"歪嘴和尚"念歪了。中国的形象不能任由"他塑"。必须系统加强议题设置,全面强化正面叙事,掌握定义权、解释权,压缩美西方的负面炒作空间,努力把美西方媒体的流量和流向,吸引到我们设置的话题上来。

每年全国两会,中国国防预算都是海外关注的焦点之一。2023年全国两会上中国国防预算公布后,新华社对外播发《中国2023年国防预算增长7.2%连续8年保持个位数增长》等稿件,将中国坚定不移奉行防御性的国防政策,与中国境外利益增多的背景紧密结合起来;将中国国防预算适度增长,与美国军费持续高企、穷兵黩武形成鲜明对比。美联社、路透社等都将"连续8年保持个位数增长",作为重要内容滚动报道,从一个侧面反映了我们预设的"议题输出",产生预期传播效果。

立字当头,就是要在高点上破题、关键处突破、紧要处发力。围绕我国道路、制度、文化等核心利益、"国之大者",瞄准美西方抹黑攻击我们的重点领域和话题,以我为主,构建融通中外的理念、话语、叙事、逻辑,讲活讲深中国故事,有效掌握国际话语权。

2023年3月,新华社领导策划推出的专题片《民主的样子!"洋专家"对话中国市长》和多集纪录片《中国市长:全过程人民民主故事》,围绕"人怎么选""权怎么用""事怎么干",聚焦"关键少数",引入外籍专家视角,跟拍市长(州长)的工作和生活,调研当地经济社会文化发展,以人叙事、以点带面,呈现全过程人民民主的生动实践和巨大成效。新华社记者缪晓娟与几位外籍专家前往安徽省合肥市、吉林省延边朝鲜族自治州、福建省漳州市和西藏自治区那曲市,蹲点采访35天,整个观察和记录过程

扫码看新华社客户端《民主的样子!"洋专家"对话中国市长》

客观、真实,说服力强。记者、外籍专家与市(州)长直接沟通,听他们分享当选故事、用权故事、干事故事,由浅入深地探讨中国式民主。每集主题脉络清晰、层层递进,通过与当地百姓深入交流,以具体人物、生动故事,展现中国全

过程人民民主的丰富内涵和生机活力。"洋专家"实地探访,中西对比,发出"中国政府官员的自我要求真的非常高""在美国,地方政府不会成为天使投资人"等感叹。

作品成功落地美国《华盛顿邮报》等美西方主流媒体网站,并获"法国'电影之家'国际电影大赛月度最佳短纪录片"等多个国际性纪录片奖项,有力反击了美西方对我民主人权的攻击及其所谓"民主与威权"的误导性叙事。阿联酋驻华大使阿里·扎希里说:"这部纪录片是一次发现之旅,帮助观众去了解公共政策如何制定、政府如何为人民服务,看到中国政治制度的独特性、市长群体在政府治理中的重要作用,充实了我们的认知。"网友留言:"大方、精准的作品。世界各国想要从政的人们,都应该看看这个片子,时刻牢记为公众服务","极好的纪录片。我最大的收获是看到了领导层的真诚,希望能有更多讲中国政治制度的作品"。

（四）创新叙事

认知是行动的前提。叙事影响、引导公众认知。

美西方媒体很善于利用关联性叙事、选择性忽视或关注等叙事之术,达到其传播意图和效果。

如 2020 年《纽约时报》网站刊登一篇文章,题为《中国人会购买人造肉吗?》,援引美国人造肉食品公司首席官的话说:"中国人每吃一块肉,亚马孙雨林就冒出一股烟",傲慢、恶意地把中国人吃肉,与亚马孙雨林大火、破坏世界环境联系起来,而根本无视中国人均肉类消费水平远低于美西方的事实。

我们要在创新叙事体系上下功夫。首先,以中国实践升华中国叙事,以中国理论指导中国叙事,坚守并创新完善中国核心叙事、基本叙事。如在人权领域,生存权和发展权是首要的基本人权,人民幸福生活是最大的人权,促进人的自由全面发展是人权的最高价值追求,这一中国人权核心叙事,已受到发展中国家广泛认同。其次，不断丰富叙事方式，如关联性叙事、意象化叙事、框架性叙事等，增强叙事的锐度，让海外受众可感易懂。

认知学专家认为，每个人心中都有一幅关于事物、世界的图画，并通过这幅图画形成认知、产生行动。叙事的目标和作用就是帮助人们在心中构建自己的图画，同时又不是替他们绘制图画。比如，意象有利于解释复杂的概念，善用意象化叙事就具有较强的说服力和冲击力。新华社2014年8月播发的记者桂涛、孙铁翔、边巴次仁等采写的《"香格里拉情结"阻碍西方对西藏公正认识》，有理有力地回应、反击了美西方的"文明双标""文明的虚伪"。稿件写道：

> 自从英国作家詹姆斯·希尔顿在80多年前将"香格里拉"一词介绍给西方，西方人的西藏观就始终与"神秘""浪漫"等意象紧密相连。
>
> 他们将深藏于喜马拉雅山脉中的西藏想象为浪漫的世外桃源，以为那里就只住着一个打坐冥想的达赖喇嘛和宁静寺院里的一群僧侣。但对中国而言，西藏却曾是实行农奴制度的落后社会，它和世界其他地方一样，需要文明进步。
>
> 西方人的"香格里拉情结"阻碍了他们对西藏的公正认识，这是正在此间举行的"2014·中国西藏发展论坛"上部分中外专家学者的共识。
>
> 希尔顿从未到过他笔下的藏区。当他和其他作家、记者、好莱坞导演、政客为西方民众构建出一片想象中的人间净土时，西藏却正处于比欧洲中世纪还要黑暗残酷的农奴制社会——那里政教合一，人均寿命不足36岁，通奸的妇女要被割鼻削耳，农奴要为娇气的僧侣、士兵和官员背重物，因为轮子"会在神圣的地面上留下疤痕"而被禁止使用。
>
> 意大利通讯社中国新闻编辑阿莱桑德拉·斯帕莱塔在论坛期间

接受新华社记者采访时说,除 1904 年英国侵占西藏,西方国家其实并没有机会真正了解这片土地。它们开始将西藏神秘化,通过诗歌般的旅行和探险作品,创造出一个"香格里拉"神话。

"西方人并不爱真实的西藏,他们只爱自我意识中的西藏。"她说。

中国国务院新闻办公室副主任崔玉英在论坛上指出,有人至今认为,西藏应该像封存在博物馆里的展品那样,原封不动地保持原始状态。

"他们认为,西藏人只能吃糌粑、骑牦牛、住帐篷,不能发展现代文明,否则就是'毁灭文化''破坏环境'。"她说,"半个多世纪以来,西藏已经走上了一条不可逆转的文明进步之路。这顺应了人类社会发展的总趋势。"

十、精　　度

对外讲好中国故事,精准至关重要。任何一个行业,职业训练、专业历练的一个基本目标,就是追求"准确""精确"。国际传播更是如此。要让讲述的故事有针对性、穿透性、实效性,实现"说者诉求"与"听者需求"相匹配,就必须精准传播。

(一) 对象精准

国际传播不能"大水漫灌"。要坚持目标导向、效果导向。国外受众对象具有不同的信息需求与接受心理、不同的语言风格与文化传统、不同的意识形态与价值观念,因此,需要搞清楚和谁说话、说什么话、用什么方式说话,尽力向不同群体受众提供其所需的信息、故事。

新华社每天用英、法、西、俄、阿、葡等 15 种语言,针对不同母语国家受众进行传播;还在海外社交媒体开设一些界别账号,分领域、分专业讲述中国故事。同时,针对不同圈层的外国受众,开展分众传播,加强人格化传播,努力使讲述的故事"入乎其内",增强二次元等沟通能力;又"出乎其外",破界出圈。

如对影响力日增的"Z 世代",抓住其关注的话题,更多地以其偏爱的简短、视频化、趣味化呈现形式讲故事。《"Z 世代"钟爱"国潮"激活消费新潜力》《中国"新"经济:"Z 世代"的消费新热点》《自由灵活,花样新鲜,为情绪买单……"Z世代"新经济风口观察》《"Z世代"爱上创意市集》《"婚纱"与"土炕":中国"Z世代"编织乡愁"新浪漫"》《这份"Z世代"户外漫游指南很"好玩"》《"Z世代"青睐绿色生活方式》等,这些从不同角度讲述的"Z世代"故事,洋溢着中国"Z世代"的个性、活力、追求。

新华社记者王健、魏梦佳、马晓东等2022年9月采制的视频《外国"Z世代"也爱"国潮风"》,展示了外国"Z世代"与中国"Z世代"兴趣相契、心灵相通之处。

故事讲的是:生活在北京的美国姑娘于中美,热衷于中国"国潮"。她常常一袭汉服、轻摇罗扇,漫步于公园里的亭台楼阁、水榭廊桥间。西方的面孔、东方的装扮,让她成为一道独特的风景。于中美是一名"90后",出生在中国北方城市大连。她6岁时随父母回到美国。高中时期,于中美来到北京,并在这里一住就是10多年。她说,促使她回到中国的,是她对中国传统文化发自心底的爱。她欣喜地发现,传统文化正在越来越多地融入人们的日常生活,变得更加亲切、时尚、触手可及。于中美也因此获得事业发展的灵感。她创办了一家公司,通过拍摄小视频将自己对中国传统文化的热爱分享给更多人。她的作品在海外社交媒体平台赢得众多网友好评。这个故事表明,中华优秀传统文化不仅能够吸引中国年轻人,也能赢得外国年轻人的喜爱。

讲故事的对象越明确具体,就越能与受众建立起联系,越容易唤醒受众情绪,触发受众兴趣,激发受众共鸣,有效增进受众对中国的认知、认同。

2024年1月27日是中国同法国建交60周年纪念日。60年来,中法关系始终走在中国同西方国家关系前列,为两国人民带来福祉,为世界和平、稳定和发展作出贡献。中法关系的独特历史,塑造了独立自主、相互理解、高瞻远瞩、互利共赢的中法建交精神。新华社在1月27日播发的记者雷鸣、陈晨等采写的《秉持建交初心　积极面向未来——致中法建交60周年》,讲述了中法友谊、中法建交精神的感人故事。报道以小见大展现元首外交的丰富内涵:

中国国家图书馆收藏着习近平主席2019年访问法国时获赠的

法文本《论语导读》,牛皮封面、飘口烫金、染纹纸环衬、书口刷红……这是一本富有法国启蒙时期书籍装帧特征的珍贵典籍,但其记载的内容,却是2000多年前中国的政治主张、伦理思想、道德观念。

这份国礼的选择是法国国立吉美亚洲艺术博物馆馆长提议的。吉美博物馆图书室主任克里斯蒂娜·克拉姆罗蒂说,以此为国礼巧妙而细腻地展示了两国历史悠久的友好关系。

在这个纷繁复杂的世界中,中法两国如两颗璀璨的星辰,虽由不同的历史轨迹汇聚而来,却在人类命运共同体的广阔天空中彼此交织、共同闪耀。在这一进程中,两国不断增强彼此的了解与信任,不仅在经济领域实现互利共赢,更在文化、思想、人文等领域实现了深入的交流与共鸣。

中法经贸关系的巨大韧性和良好发展态势鲜活可感:

"和中国一样,法国也是一个美食大国,有丰富的餐饮文化。希望法国相关企业能乘上'从法国农场到中国餐桌'机制的快车,让中国消费者能够享用到来自法国农场的产品。"法国畜牧及肉类协会会长齐子牙在参加第六届中国国际进口博览会时说。

进博会成为法国企业开拓中国市场的机遇窗口。法国已连续参加六届进博会,每届参展企业数量、参展面积、意向成交额等展览指标在全球各国中都位居前列。据悉,法国将应邀担任第七届进博会主宾国之一。

法国巴黎第九区游人如织的奥斯曼大街上,老佛爷百货商店是巴黎时尚文化的缩影。近年来,为方便中国游客购物,这里已接受支付宝、微信和银联等支付方式。目前,老佛爷百货集团在北京、上海、深圳开设了百货商店,让中国消费者不出国门也能解锁法式时尚。

中法文明交流互鉴历久弥新:

在巴黎热闹的塞瓦斯托波尔大道上,凤凰书店因其绛红色的两层楼,显得格外耀眼。中国农历新年将至,橱窗里挂起了对联和中国结等装饰物,足够吸引眼球。书店里可以找到《红楼梦》等一批中国相关书籍,包罗万象。

万里之外,在北京市海淀区的一处民居内,84岁高龄的首都师范大学退休教授李玉民仍坚持翻译法文文学作品。在他看来,"中国和法国是东西方有代表性的文明大国,历史悠久、底蕴深厚。中法两国有一万个理由在方方面面发展良好关系"。

同在北京,北京语言大学高级翻译学院学生陈鹏翰正勤学苦练法语,他将在今年夏天赴法国巴黎担任巴黎奥运会志愿者。他表示,将以专业化、国际化的高质量志愿服务,向国际社会展现中国青年志愿者的风采。

中法故事的独特味道,正如中法音乐人创作的《从长安街到香榭丽舍》所唱:

取一杯塞纳河的水

泡开大红袍的滋味

……

(二) 表达精细

外语是国际传播的一项看家本领,外文表达要做到信、达、雅。

首先,语义要精准。在国际传播中,语言转换、精准表达非常关键。我们常讲"差之毫厘,谬以千里"。而在美西方媒体等表达中,对中国话语的翻译、引用可谓错误百出。如美国一些机构将"中国屹立于世界民族之林",译为"中国要在全球秩序中谋求首要地位";将"中国人看别人脸色、仰人鼻息的时代已经一去不复返了",译为"中国在乎他国想法、钦慕他国的时代永不复返"。这些译文与原文语义大相径庭，正符合美西方所谓"中国威胁论"的臆想。

在科技和制造的世界里，追求精确已成为一种信仰。250多年来，一个叫作"公差"的概念坚定地引领着一代代梦想家、创业者、程序员、工匠等。公差指"机器工艺中允许的误差范围"，即预先设定的可接受变量。"公差"具有绝对刚性。从千米到纳米，在不断细化的"公差"世界的背后，是创新与停滞的斗争，也是组织与组织在管理文化上的较量。

我们对外讲述中国故事也应牢固树立"公差"意识，特别是对有中国特色的概念和话语的传播，既要完整保留话语原有意义和语境，也要充分考虑对象国受众是否能够准确理解，以我们的"信、达、雅"有效对冲、纠正海外的误译、歪解等问题。

2020年10月召开的党的十九届五中全会把"全体人民共同富裕取得更为明显的实质性进展"，确定为2035年基本实现社会主义现代化远景目标的重要内容，提出明确要求和重大举措。海外舆论对共同富裕高度关注，也不乏误解、误读言论。2021年8月，在一场新闻发布会上，一位中方官员在回应外界关切时使用了共同富裕"不搞'杀富济贫'"的表述。有的海外媒体将"杀"字直译为"kill"，显然扭曲了原意。新华社对外部的编辑选择了相对中性的"rob"（Rob the rich to aid the poor），即"劫富济贫"。这一短语也容易让海外受众联想到熟悉的罗宾汉行为方式。新华社在后续报道中多次延用这一译法，被美联社等美西方主流媒体转引。

与此同时，新华社积极组织、播发正面阐释中国推进共同富裕的故事。2021年6月，党中央、国务院出台支持浙江高质量发展建设共同富裕示范区文件。新华社对外部与浙江分社密切跟进、深入调研，采写、播发《让劳动者有更多"获得感"——浙江推进收入分配机制改革先行示范观察》《生态　人文和谐——浙江新时代文明图景底色日益清晰》等报道，展示浙江率先探索走向共同富裕的生动实践。如《浙江以高质量发展为共同富裕先行探路》一稿,从跑出协调发展"加速度"、擦亮高质量发展"金名片"、奔向幸福生活新征程3个方面,讲述农民发展特色产业、"山海协和"增收致富,企业、产业加快数字化改革创新,不断提升城乡公共服务水平等故事。这些故事立起走向共同富裕的亮丽路标,增进了海外受众对共同富裕的正确理解。

其次,叙事要精当。故事的结构、逻辑、行文都要清晰明了。西方新闻报道长期以来形成的一些专业性规范,很大程度上影响和塑造了海外受众的阅读观看习惯。如段落较短,篇幅在一句到三句之间;句子通常不超过20个单词,每个单词通常不长于两个音节;多用动词,尽可能少用形容词;电视拍摄要取"平视"角度,以保证"真实"效果;等等。

在对外传播实践中,我们应一以贯之地坚持守正创新,贴近海外受众习惯需求,致力于追求精当、简洁、易懂的叙事结构和手法,做到让故事"在自己的骨头上长肉",而不是枝节横生,更不能云山雾罩。

新华社记者韩松、喻菲2015年12月采写的《"暗物质卫星"升空记》堪称这方面的佳作。记者报道的是比较深奥的科技故事,但稿件把发射的暗物质粒子探测卫星与星空、暗物质、暗能量及宇宙有机连接,上下百亿年,纵横全宇宙,不同人物与发射现场情景交融、事理并彰。通篇诗意盎然而又简洁准确、清新清晰:

12月17日清晨,酒泉卫星发射中心的气温降至零下15摄氏度。

观看中国暗物质粒子探测卫星发射的人们冒着严寒聚集在这里。

乳白色的长征二号丁火箭立在塔的一侧,显得纤细秀美。它的头部搭载着重量为1.9吨的卫星。

来观看发射的有院士、中学生、物理教师、科幻作家、画家、记者、网站编辑、欧洲空间局专家等数百人。

有的人因为参与为卫星命名而受到邀请。几个月前,中国科学院等从全国征集卫星的名字，收到有效提案 3 万多个，经过投票，决定卫星叫"悟空"。

这既寓意其神通广大，也是要"领悟太空"。

不知从什么地方隐隐传来口令声。"发射 15 分钟准备。"站在后排的一些人把脚跷起来。有的人举起望远镜。

一些车辆亮着灯从发射塔附近撤离。

8 时 12 分，忽然，热烈讨论着"悟空"的人们，停止了说话。

霹雳一声，火箭底部吐出黑红色的火光和浓烟。持续的震响让心脏快要跳出胸膛。

这是长征系列运载火箭第 221 次发射。发射者凌晨 5 时就进入了最后的工作状态。

按照惯例，昨晚，他们还去到酒泉卫星发射中心的东风革命烈士陵园，把要发射新卫星的消息告诉长眠在那里的人。

火箭轰隆隆喷着烈焰上升，腾云驾雾般来到晨曦之上，进入到深蓝色的天空，很快越过了从观众角度看上去的金星的高度。

它变得比满月还要亮。

人群中响起一片掌声。

一个名叫张晨的、参与为卫星命名的女孩满面泪水。"舍不得它走。"她说。

火箭划了一个弧形，又朝另一颗晨星的方向奔去。"那应该是木星。"腾讯网太空频道的编辑桂林说。

两分多钟后，火箭一二级成功分离，这时人们仍能看到它。

不久，整流罩也分离了。空中出现几个亮点。

随后，它消逝在了视域中，只留下一小朵星云般的薄雾挂在天上。这时，太阳还没有升起。

137 亿岁的宇宙中，好像什么也没有发生。

对人类和中国来说,这都是重要时刻。

"悟空"是同类装置中,相关性能最先进的一个。

接下来,它要扫描太空,捕捉暗物质存在的证据。在我们这个世界上,电脑、手机、人体、金星、地球、太阳、银河系等等"看得见"的东西,仅占宇宙质量的5%。另外的95%是看不见的暗物质和暗能量。它们究竟是什么? 还无人能确切说清楚。

研究暗物质,是要回答"什么是宇宙"这个命题,弄清它怎么来的、为何会是这样、今后会变成什么样子。宇宙是会继续膨胀下去,还是会坍塌呢?

可以说,"悟空"正沿着柏拉图、亚里士多德、老子、庄子、伽利略、牛顿、爱因斯坦他们走过的路走下去。

目前,美国、日本、欧洲等许多地方都在研究暗物质。

"悟空"是中国科学院研制的系列科学实验卫星的第一颗,属于基础科学领域。除了探索暗物质,它还要被用于研究宇宙射线等。

这标志着始于半个多世纪前的中国太空探索,不仅仅是在满足工程应用和人类生存,取得直接的国防、经济效益,还要深入解答有关宇宙命运的谜题。

同时,正确把握突出重点与全面客观的关系。一方面,讲故事要抓住重点,不能离题万里,或者开"杂货铺"。另一方面,要统筹兼顾,不能落入片面、失真。

励志故事容易跟读者产生共鸣。新华社记者吕秋平、高爽2020年1月采写的《无臂无腿"筷子哥"通过网络直播撑起一个家》,讲述的是辽宁省锦州市农村青年袁立东的奋斗故事。稿件经过编辑、记者、签发人反复沟通讨论,做到了客观平衡。报道以生动细节传递出"筷子哥"身残志坚、乐观向上的精神。如:

袁立东将一根短筷子夹在嘴唇间,用嘴操控他的智能手机。

34 岁的袁出生在中国东北辽宁省锦州的农村,天生没有四肢。

他靠嘴里衔着勺子吃东西;他撑一根短而重的拐杖移动身体;他穿一条旧轮胎做的裤子,利用裤子的弹性,纵身一跳可以坐立起来。

他给自己取名叫"筷子哥",用手机直播自己的日常生活,在中国短视频直播平台快手上吸引了 42 万粉丝。

稿件讲述了他和妻子是如何走到一起,他养家的责任感从何而来:

袁 14 岁时,他的父亲带他到了全国不少地方,他用扩音器唱歌赚钱。

2008 年,他遇到自己现在的妻子柴盼霞。柴经常来听他唱歌,渐渐爱上了他。

"我喜欢他的声音。他也很乐观、随和,知道心疼人。"柴说。

面对柴的追求,袁惊慌失措,试图避开她。"我不想成为她的负担。"

袁没有接受柴的爱,直到她用粉笔写了几百遍他的名字,铺满了一地。

他们没有得到柴的父母的祝福,两人拒绝参加他们的婚礼。

"我完全理解。如果是我,我也不会答应我女儿嫁给一个像我这样的残疾人。"

第二年,他们的儿子出生了。

"听说宝宝很健康,我特别激动,从产房外的高台上摔了下来。"他说,"我迫不及待地想看看他的小胳膊小腿儿。"

针对有网友评论说袁立东"卖惨",稿件也没有回避,客观平实地予以回应:

许多网民赞赏他的勤奋和独立,也有人指责他"炫耀"和"向公众兜售"自己的不幸。

袁已经习惯了这种批评,但他的妻子总是为他辩护。

"我无法忍受网上对我丈夫的恶意攻击。我知道他非常不容易，我想保护他。"她说。

袁计划攒够钱时开一家杂货店。

"虽然我没有胳膊、腿，但我和普通人一样有上进心。我希望通过我的努力来养活我的家人。"

稿件还特别提到，"筷子哥"按国家制度规定享有政府救助，可足以解决温饱："'虽然政府提供一些补贴保障我们的基本生活，但我想让家人过上更好的生活。我还想证明我也能养家糊口。'他说。"这一方面可以避免引起海外读者产生中国对残疾人权益缺少保障的误读，另一方面使"筷子哥"为了帮助家人改善生活、努力让自己成为"有用的人"的形象更加立体。

（三）含义精确

真实是新闻的生命。仅仅报道所见所闻的事实是不够的，还要超越表面准确的层次，恪守核实、综合之责，着力揭示出"事实中的真实"，努力做到含义精确。

新闻是历史的底稿。今天的故事就是明天的历史。公元前 5 世纪，古希腊的修昔底德在介绍他对伯罗奔尼撒战争的叙述方式时，写下关于发现真相方法的献辞：

关于事件事实的报道……我定下一条原则：决不轻易写下我听到的第一个故事，甚至也不接受自己的一般印象的引导；我描述的事件，有的是我亲历的，如果是从目击者那里听来的，我一定尽可能详尽地进行检查。即使如此，真相还是不容易发现：不同的目击者对同一事件，也有不同的说法，或者因为偏袒某一方，或者因为记忆不完全。

由此可见自古至今追求事实、追求真相的不易和弥足珍贵。

我们应在正确把握和处理 3 个方面关系上下功夫。首先是政治性与新闻性的关系。掌握正确的世界观和方法论,坚持正确的政治方向、舆论导向和价值取向,把握好时度效,不能单纯从业务观点出发,要统筹考虑传播效果和社会效果。其次是专业性与故事性的关系。让重要的事情有趣味,让专业的事情有故事,努力做到分析阐释精辟到位、深入浅出,表达呈现妙趣横生、"雅俗"共赏。最后是典型性与普遍性的关系。讲故事选取的人物、事件毫无疑问要有典型性,这样才能吸引人,但这种典型性必须具有和反映普遍性。正如列宁所说,如果不是从整体上、不是从联系中去掌握事实,如果事实是零碎的和随意挑出来的,那么它们就只能是一种儿戏,或者连儿戏也不如。

在此基础上,努力实现两个"统一"。一方面是具体真实与本质真实的统一,不能表面上或表述的一部分是真实的,而本质上却是不真实的。

宁夏西海固在 1972 年被联合国粮食开发署确定为最不适宜人类生存的地区之一。宁夏回族自治区政府把移民作为解决自然条件恶劣地区群众生存和发展的重要扶贫举措。2016 年 10 月,《纽约时报》刊发一篇 6000 余字的长文《无望的迁徙:中国"生态移民"》。文章以宁夏一名 41 岁村医一家的经历为主线和骨干,借助很大程度上基于个人原因的不太顺利的遭遇、个别人的话语等,夸大移民对新村的不满,从整体上否定中国的生态移民政策与实践,而且其讲述的案例也多有不实之处,断章取义,主观臆测。采写过不少西海固扶贫稿件的新华社宁夏分社记者艾福梅,在总社编辑部指导下到西海固实地调研,还原事实真相。

记者将第一个采访点放在银川附近的月牙湖移民点。月牙湖恰好是个荒漠化地区,由于移民搬迁需要,引黄河水改良后变成移民点。月牙湖移民已有五六年的时间。

记者原本是先去看树莓产业扶贫点,却遇到刚刚升级为管理人员的安彦龙,与他攀谈后,发现他就是很好的切入点:盼望移民,移民之前就有自己的计划,不"等靠要",移民之后因为勤劳肯干从临时工被提拔为中层管理员。

　　察看了安彦龙的工作环境,了解了他的基本情况后,记者坐着他花 2 万元购买的汉唐电动车去到他的家里。略显局促的小院与整洁时尚的客厅形成对比。"老家虽是窑洞,但宽敞。新房子确实有点小,所以又在院子里盖了灶房和父母住的屋子,慢慢也安顿下来了。"安彦龙说。他家所在的滨河家园是"十二五"期间宁夏最大的移民点。记者观察到,偌大的小区内,几乎看不见闲逛的年轻人,几名老人站在墙根晒太阳。

　　"'树挪死,人挪活',生活要朝前看。新家吃水好、交通好,10 块钱就能上银川浪(玩),打工方便,老人看病方便,娃娃回家也方便。"安彦龙对记者说。

　　"十二五"期间的大规模移民并非宁夏首次,甚至可以说宁夏的历史就是一部移民史。红寺堡这样的中国最大生态移民区应运而生,将昔日荒漠戈壁变成今日葡萄酒产区。

　　红寺堡成为记者的第二个采访点。

　　这个有 23 万人口的县城,98%是移民,每个人就是一段"移民史"。为了与月牙湖乡的采访相呼应,记者选择了安彦龙的老乡闫生龙作为主要采访对象。他的情况又与安彦龙截然不同,因为他是没有政府支持作为后盾的"自发移民"。

　　2003 年,他花光所有积蓄——7000 元,在中圈塘村买了 11 亩地和 1000 平方米的宅基地。

　　"老家走路没路,吃水没水,收了土豆卖都卖不出去,因为路就是一个坡连着另一个坡。现在玉米还没脱粒,收购的车就已经跑到院子里来了。如果你是我,你会继续待在老家?"闫生龙说。

　　不管是他买地后又花了 4 年挣钱才在中圈塘村修建起房子搬过来,还是搬过来不到 10 年花 12 万元新修了 3 间房、买了蹦蹦车、供两个孩子上了大学,抑或是葡萄价格下降就在葡萄园里套种黄花菜,"辛苦是辛苦,但生活有奔头"。闫生龙总结说。"移民路是对的,可并不是一搬就富。"67 岁的中圈塘村村支书杨国文这样说。

记者还专门到坐落于红寺堡的宁夏移民博物馆调研，为她讲解的姑娘马蓉也是移民。马蓉介绍的宁夏移民历程、前后变化以及她的故事，成为串起稿件的一条线。

记者在稿件中也坦承，生态移民并非"一挪百好"，如土地减少等便是移民面临的现实问题。稿件既肯定了宁夏生态移民的成就，也直面问题和挑战，并通过采访相关方面提出应对之策、破解之道。

报道播发后，引起海外媒体关注，产生了积极的对冲、澄清作用。

另一方面是微观真实与宏观真实的统一，不能点面脱节、个体故事游离于整体发展。

以偏概全，是美西方媒体报道中国常犯之错、常见之态。如美西方一些媒体把斯里兰卡的债务问题与中国"一带一路"合作项目捆绑起来，炒作所谓"债务陷阱"，以致斯方都不得不出面澄清：事实并非西方媒体所描述的那样。

新华社记者李来房等 2023 年 10 月采写的述评《"一带一路"帮助摆脱贫困陷阱而非制造债务陷阱》有理有据地正本清源：在斯里兰卡外债中，涉及中国的仅占 10%，进而指出：

> "一带一路"非但没有制造"债务陷阱"，反而有助于减轻贫困。
>
> 西方一些人的诽谤和恐慌是他们酸葡萄心理的后果，因为"一带一路"影响了他们既得的经济和地缘政治利益，以及他们在共建"一带一路"伙伴国的传统金融主导地位。
>
> 根据世界银行的统计，2015 年至 2020 年，商业债务和多边债务分别占低收入和中低收入国家新公共外债的 42% 和 35%。大多数商业债务，即新债务总额的 39%，是由国际金融市场上的主权债券融资的。欧洲债务和发展网络对 31 个主要负债国进行的一项研究发现，这些国家 95% 的主权债券由西方金融机构持有。
>
> 中国学者开展的广泛研究表明，中国对"一带一路"项目的贷款

并没有明显加重"一带一路"伙伴国的债务负担,其中一些伙伴国在 2013 年"一带一路"倡议提出之前就积累了很高的债务水平。相反,研究表明,"一带一路"实际上通过促进就业、税收和投资帮助伙伴国减少了债务。

基础设施发展需要大量投资,需要很长时间。这就是为什么一些追求利润的西方投资者不愿意投资这样的项目。中国的投资和专业知识得到合作伙伴的青睐,带来铁路和港口等现实而有用的项目。这些项目是"一带一路"伙伴国长期以来的期盼,但只有"一带一路"才有可能实现。

这篇报道被德新社等 100 多家媒体转引,有效反击了美西方有关谬论。

把故事讲清楚、讲到位,致广大而尽精微。这应成为我们始终不懈的追求。

结语　气质与品质

"十度"为桥,交融共进。我们对外讲述的中国故事,整体上应该展现出以下样貌,即气质与品质。

一是信,"有神有魂"。

首先是可信。真实可信是国际传播的基础。须以职业、专业、敬业的态度和精神,深入践行脚力、眼力、脑力、笔力,挖掘和呈现事实真相,展现真实、立体、全面的中国,让讲述的中国故事彰显一以贯之的公信力。

其次是信念。水管里流出来的是水,血管里流出来的是血。我们要把坚定的理想信念,通过"可以感触到的物质事实""清晰的形象",来揭示中华民族伟大复兴"不可抗拒的必然性",生动有力地展现道路自信、理论自信、制度自信、文化自信和中国人民对美好生活的不懈追求,让讲述的中国故事挺起信念、信心的精神脊梁。

最后是信义。人无信不立,国无信不兴。我们对外讲述中国故事要以"信"为"基"为"媒",让国际社会更好地感知、认知中国:讲信修睦是中华民族历久弥新的文化基因,重信守诺是党和政府治国理政及处理国际关系的鲜明特色,守信重义是中国人民基本的伦理和行为规范,党和人民之间、民族和民族之间、人和人之间在高度信任基础上命运与共,中国是一个和平发展并完全可以信赖的大国。要让讲述的中国故事始终流淌着信任、信义的鲜活血液。

二是正,"有理有力"。

首先是展示正道。以高质量发展推进中国式现代化,以中国式现代化全面推进强国建设、民族复兴伟业,推动构建人类命运共同体。在中国共产党领导下,中国走在人间正道。要以中国理论阐释中国实践,以中国实践升华中国理论,让讲述的中国故事文以载"道"、引人悟"道"、启人入"道"。

其次是推进正义。中国站在历史正确的一边,站在人类进步的一边,不管是在国内还是国际,都坚定维护和推进公平正义。正义就如人人应享的阳光,要让讲述的中国故事成为播撒阳光的使者。

最后是弘扬正气。中国坚定不移维护国家核心利益、人民群众根本利益。对内,强力推进风清气正的政治生态、向上向善的社会生态和自信自强的文化生态建设;对外,反对霸权主义,"不信邪、不怕鬼、不怕压",坚定地做世界和平的建设者、全球发展的贡献者、国际秩序的维护者。要形神兼备地展现中华民族的浩然正气,让讲述的中国故事正气凛然、正能量充盈。

三是融,"有声有色"。

首先是融贯古今。以宏观历史视域整体把握,揭示深厚的中华文明底蕴、文化基因,展示传承创新的古今之变,让海外民众了解、理解中国发展进步的必然性、科学性,让讲述的中国故事有纵深感、穿透力。

其次是融通中外。在以我为主的基础上,寻找中国与世界在价值观、文化理念、经济发展等方面的最大公约数,创新话语体系和叙事体系,兼具民族性和世界性,实现共性与个性的有机统一,让讲述的中国故事有主体性、"国际范"。

最后是融合传播。"内容+技术+灵感+美学"有机结合,多媒介融而为一,推出更多既有意义又有意思、既有价值又有颜值的作品,让讲述的中国故事有体验感、"时代风"。

四是和,"有情有义"。

首先是理"和"。紧扣中国之问、世界之问、人民之问、时代之问,向世界提供、展现中国理念、中国智慧、中国方案、中国贡献。"激扬"中外共通的价值理念和对美好生活的向往追求,让讲述的中国故事以理服人、凝聚认同。

其次是心"和"。国之交在于民相亲,民相亲在于心相通。相互尊重,和衷共济,和合共生,构建人类命运共同体,这是中国故事的"心灵密码"。动于情,化于心。我们要用心用情画大画好中国与世界的同心圆,突破意识形态壁垒,消融种族、文化隔阂,让讲述的中国故事走心、入心。

扫码看中国记协网《向世界讲好中国故事》

最后是气"和"。生动展示、深刻揭示中华民族与人为善、热爱和平的品性和追求,使美西方基于霸权生出的"霸气"与中国基于5000多年文明和中国共产党初心使命涌发的"和气"形成鲜明对照。面对海外的一些质疑抹黑,摆事实、讲道理,以从容自信应对其张牙舞爪,以真相、真知、真理对冲消解谣言、谎言、歪理。正如鲁迅所言:辱骂和恐吓决不是战斗。要让讲述的中国故事方正自然、"和"气生"彩"。

向世界讲好中国故事,展现可信、可爱、可敬的中国形象。守正笃实,行则将至。

后　记

　　本书内容基于笔者曾就职的新华社对外新闻编辑部的探索实践，以及本人工作中的一些体会和思考。

　　我的领导和同事对于本书的观点、立意、案例选择、背景介绍等，给予了精心指导、宝贵支持，起到了至为重要的作用。

　　清华大学新闻与传播学院院长周庆安，全球化智库创始人兼理事长、中国公共关系协会副会长、国务院原参事王辉耀，新华社对外新闻编辑部部务会成员、中国作家协会科幻文学委员会副主任韩松三位学者专家，费心作序，言精意丰，拓展了本书的深度和厚度。

　　在此，对所有为本书出版提供指导和帮助的领导、专家、同事等表示诚挚的谢意！

王进业

2025 年 6 月

责任编辑：侯　春

封面设计：王欢欢

图书在版编目（CIP）数据

"十度"：向世界讲好中国故事 / 王进业著 .
北京 ：人民出版社，2025. 9. -- ISBN 978 - 7 - 01 -
027278 - 8 （2025.10 重印）

Ⅰ . G125

中国国家版本馆 CIP 数据核字第 2025KY2621 号

"十度"：向世界讲好中国故事

SHIDU XIANG SHIJIE JIANGHAO ZHONGGUO GUSHI

王进业　著

人民出版社 出版发行

（100706　北京市东城区隆福寺街 99 号）

北京汇林印务有限公司印刷　新华书店经销

2025 年 9 月第 1 版　2025 年 10 月北京第 2 次印刷

开本 :710 毫米×1000 毫米 1/16　印张 :11.5

字数 :160 千字

ISBN 978 - 7 - 01 - 027278 - 8　定价 :48. 00 元

邮购地址 100706　北京市东城区隆福寺街 99 号

人民东方图书销售中心　电话 （010）65250042　65289539